VISAGES DE MARIE

dans la littérature et la peinture

ISBN : 2-7289-0983-0

Visages de Marie

dans la littérature
et la peinture

Présentations de Jean Vanier

Mame

Sommaire

La Généalogie de la Vierge,
Gérard David (vers 1460-1523),
Musée des Beaux-Arts de Lyon.

En dressant un arbre généalogique à partir de sainte Anne, la mère de Marie, qui trône au centre, le peintre inscrit la Vierge dans toute une parenté plus ou moins légendaire. Marie est représentée deux fois, aux pieds de sainte Anne et au sommet de l'arbre qu'elle couronne en tant que Mère de Dieu.

Présentation

Au temps voulu de l'histoire,
dans le village de Nazareth en Galilée,
le Verbe s'est fait chair.
Il a pris chair dans le corps d'une jeune fille juive, Marie,
pour transmettre la Vie de Dieu qui est Communion.
Il a vécu cette communion des cœurs avec elle.
Il l'a vécue d'abord dans son sein,
puis après sa naissance, lorsqu'il se reposait sur son cœur
et qu'elle le nourrissait.
Il l'a vécue dans la petitesse et la faiblesse.
L'amour de Marie lui était nécessaire,
comme son amour était nécessaire à Marie.
Tout enfant révèle à sa mère
la beauté et la tendresse de la maternité.

Toute la beauté, l'amour et la lumière de cette femme
venaient du Verbe qui l'a préparée, choisie,
pour être accueilli par elle et vivre en communion avec elle.
Le visage de Marie n'est rien en dehors du visage de Jésus.
Son être n'est rien en dehors de l'être du Verbe
qui s'est fait chair en elle.
Elle n'existe pas en dehors de Celui qui est l'Existence.
Elle est le reflet du Verbe.

Or le Verbe est le plus simple,
le plus petit des enfants des hommes.
Le Fils de l'homme est un pauvre, tout soumis au Père.
Il ne dit et ne fait que ce que le Père lui dit de faire et de dire.
Il vit avec lui la plénitude de la communion.

Pendant trente ans il vit caché à Nazareth,
pour montrer aux hommes et aux femmes comment vivre,
enracinés dans une terre, une famille, une culture, une foi.
Le Fils de l'homme travaille de ses mains,
mange, dort, prie, aime.
Il est proche de ses voisins, accueillant et plein de bonté,
vivant en toutes choses et avec chacun la communion des cœurs,
cette communion qu'il vit tout d'abord avec Marie et Joseph
et qui prend sa source dans la communion qu'il vit avec le Père.

C'est pour cela que Marie est la plus simple,
la plus humble des femmes.
Elle aime la terre, le quotidien.
Chacun de ses gestes révèle l'amour.

Marie ne se distingue pas des autres
par ses compétences ou sa beauté.
Elle est toute cachée, donnée à Jésus.
Elle a conscience de n'être rien par elle-même.
Elle veut que l'on parle de Jésus.
Elle oriente toujours vers la Source : « Faites tout ce qu'il vous dira ».
Elle chante : « Mon âme exalte le Seigneur,
mon esprit exulte en Dieu, mon Sauveur.
Il s'est penché sur son humble servante ;
désormais tous les âges me diront bienheureuse.
Le Puissant fit pour moi des merveilles,
Saint est son nom ! »
Jésus est si reconnaissant à sa mère de lui avoir donné son corps,
qui lui a permis de vivre la communion avec elle et avec d'autres.

Il veut que l'on parle d'elle, car elle est le modèle
de ceux et celles qui l'accueillent, l'écoutent,
et désirent vivre en communion avec lui.
Cependant Jésus veut que l'on parle d'elle
comme d'une femme qui n'a rien fait d'extraordinaire,
mais qui a aimé.
Aimer, c'est vivre en communion avec un autre et l'aider à grandir.
Marie est comme Jésus qui s'est mis à genoux pour nous laver les pieds,
pour que nous grandissions dans l'amour et agissions comme lui.
Elle s'offre au Père pour chacun de ses enfants,
quelles que soient leur culture ou leur religion,
leurs capacités ou leurs limites :
chaque être humain est beau
car il est créé par Dieu et pour Dieu.

Et comme Jésus était toujours proche des plus faibles,
des plus petits, des personnes malades, ayant des handicaps,
elle l'est aussi.
Elle est le visage de Jésus en toutes choses.
Comme elle a consolé Jésus en demeurant
en communion avec lui au moment de la crucifixion,
elle reste proche des crucifiés du monde, consolant chacun.

S'il est doux de contempler le visage de Marie,
elle nous invite sans cesse à regarder le visage de son fils.
Elle nous envoie sans cesse pour demeurer en communion
avec les petits et les pauvres, les souffrants de ce monde,
qui révèlent le visage de Jésus aujourd'hui,
visage de joie mais aussi visage défiguré, sans beauté, ni éclat.

Son désir, qui est celui de Jésus, est que tous soient UN,
comme le Père et le Fils sont UN,
que tous vivent de la communion qui jaillit du cœur de la Trinité.

Le paradoxe de Marie, qui est le paradoxe de Jésus,
est qu'elle est la plus belle, la plus noble,
la plus glorieuse des créatures,
mais également la plus cachée, la plus simple, la plus humble,
la plus désarmante entre toutes,
car elle sait que tout vient du Verbe qui s'est fait chair en elle.
Elle nous dit sans cesse :
« Tu es aimé de Jésus comme je suis aimée de lui ;
tu es appelé à continuer l'œuvre de mon fils,
à donner la vie et à être proche des pauvres pour la gloire du Père. »

Marie n'est pas seulement un modèle
pour quelques femmes mariées ou consacrées.
Elle est vivante aujourd'hui avec Jésus,
pleine de compassion et de bonté
pour chaque homme, chaque femme,
quelles que soient leur condition,
leur souffrance, leur solitude,
leur péché, leur blessure intérieure.
Elle veut aider chacun à trouver au plus profond de lui-même
la source de toute vie,
la présence de Jésus,
pour devenir plus vivant, plus aimant et plus libre.

Sous l'abri de ta miséricorde
nous nous réfugions, sainte Mère de Dieu.
Ne méprise pas nos prières
quand nous sommes dans l'épreuve,
mais de tous les dangers
délivre-nous toujours,
Vierge glorieuse, vierge bienheureuse.

IIIe *siècle*

MARIE
MÈRE DE DIEU

Dieu a tant aimé le monde
qu'il a envoyé son Fils bien-aimé,
non pour le juger ni pour le condamner,
mais pour le guérir et le sauver.
Il l'a envoyé pour communiquer à tout homme,
à toute femme,
la Vie même de Dieu,
cette Vie de communion et de lumière
qui unit le Verbe à Dieu.

Pour entrer dans le monde,
il lui fallait une mère qui lui donne son corps.
Le Verbe s'est fait chair :
il est devenu un être humain,
petit, faible, dans le sein d'une femme, Marie.
Il a eu besoin d'elle pour le nourrir et veiller sur lui,
car un enfant ne peut se débrouiller tout seul.
Pour grandir, un enfant a besoin avant tout d'être aimé ;
sa croissance dépend de cet amour.
C'est dans cet amour de tendresse
qu'il trouve sécurité et vie.

Marie est la mère bien-aimée du Verbe incarné,
le Verbe qui est Dieu.

Habituellement, les parents précèdent leurs enfants.
Ils choisissent d'avoir un enfant,
mais ils ne peuvent choisir ce que sera leur enfant.
Pour le Verbe incarné, le Fils de Dieu,
c'est Dieu lui-même qui choisit Marie avec Joseph
pour être sa mère et son père adoptif.
Il les précède, les forme et les prépare à l'accueillir :
Dieu qui se fait tout petit.
Pour comprendre le mystère de Marie
dans l'histoire du monde et du salut,
il faut contempler ce Dieu qui se fait petit,
qui prend un corps pour aimer et pour s'offrir :
le contempler dans le sein et les bras
de cette femme devenue sa Mère.

La beauté de ta Mère

Ta Mère, Seigneur,
personne ne saurait
comment l'appeler.
La dira-t-on Vierge ?
Mais son Fils est là !
Épouse ?
Mais nul homme ne l'a connue !
Si ta mère
est insaisissable
qui donc pourrait te saisir ?

Gloire à toi
pour qui tout est facile,
Toi, le maître de tout.

Elle est ta Mère,
elle est seule,
et ta sœur, avec tous les hommes.
Pour toi elle est devenue mère,
pour toi elle est devenue sœur !
Elle est aussi ta fiancée
avec les vierges !
En toutes choses,
voici que tu as orné
la beauté de ta mère.

Gloire à toi
pour qui tout est facile,
Toi, le maître de tout.

Saint Éphrem, *Hymne sur la Nativité*

La Vierge de Tendresse,
icône provenant de Bielozersk (Russie septentrionale), première moitié du XIIIe siècle, Galerie Tretiakov de Moscou.

La Vierge est montrée comme la Mère de Dieu, celle qui offre son Fils au monde. Dans son regard se lit la prescience de la Crucifixion et c'est Jésus qui, pressant sa joue contre celle de Marie dans un grand élan de tendresse, lui communique son énergie divine. Sur le cadre sont représentés les prophètes annonciateurs de la venue du Sauveur.

ΜΡ
ΘΥ

Ô Vierge mère

Ô Vierge mère, et fille de ton Fils,
humble et plus haute qu'aucune créature,
terme fixé d'un éternel conseil,
par toi fut l'humaine nature
si ennoblie que ton Créateur
ne dédaigna point de se faire créature.
En ton sein a repris feu l'amour
à la chaleur duquel, en l'éternelle paix,
a pu éclore cette céleste fleur
[*la rose que forment les saints du Paradis*
autour de Marie].
Tu es ici pour nous
brûlant flambeau de charité
et, parmi les mortels, source vive d'espérance.
Dame, tu es si grande et si puissante,
que qui veut une grâce et n'accourt pas vers toi
veut que son désir vole et lui refuse l'aile.

Dante, *Le Paradis*

La Vierge du Signe,
icône provenant du monastère de la Transfiguration à Iaroslav, vers 1224, Galerie Tretiakov de Moscou.

Les mains ouvertes dans la position d'une orante, les yeux fixés sur celui qui contemple son image, Marie offre à son adoration « Celui que les immensités célestes ne peuvent contenir » et qu'elle « a reçu dans son sein » (liturgie byzantine). Le fond et les reflets d'or de son vêtement évoquent la lumière divine. Dessinés en médaillon comme sur l'icône précédente, les anges invitent eux aussi à la louange.

Le silence de la Vierge

Le partage de la Vierge est d'être en silence. C'est son état, c'est sa voie, c'est sa vie. Sa vie est une vie de silence qui adore la Parole éternelle. En voyant devant ses yeux, en son sein, en ses bras, cette même Parole, la Parole substantielle du Père, être muette et réduite au silence par l'état de son enfance, elle entre en un nouveau silence et y est transformée à l'exemple du Verbe incarné, qui est son fils, son Dieu et son unique Amour. Et sa vie se passe ainsi de silence en silence, de silence d'adoration en silence de transformation. (...)

Aussi est-ce une merveille de voir qu'en cet état de silence et d'enfance de Jésus, tout le monde parle et Marie ne parle point, le silence de Jésus ayant plus de puissance de la tenir en un silence sacré, que les paroles ni des anges ni des saints n'ont de force à la mettre en propos et la faire parler de choses si dignes de louanges, et que le ciel et la terre unanimement célèbrent et adorent. Les anges en parlent, et entre eux-mêmes et aux pasteurs : et Marie est en silence.

Les pasteurs courent et parlent ; et Marie est en silence. Les rois arrivent, parlent et font parler toute la ville, tout l'État et tout le sacré synode de Judée ; et Marie est en retraite et en silence. Tout l'État est ému et chacun s'étonne et parle du nouveau Roi recherché par les rois ; et Marie est en son repos et en son sacré silence. Siméon parle au temple et Anne la prophétesse, et tous ceux qui attendent le salut d'Israël ; et Marie offre, donne, reçoit et rapporte son Fils en silence. Tant le silence de Jésus a de puissance et d'impression secrète sur l'esprit et sur le cœur de la Vierge, et la tient puissamment et divinement occupée et ravie en silence.

Pierre de Bérulle, *Le silence de la Vierge*

LA VIERGE À L'ENFANT,
Sandro Botticelli (1445-1510),
Galerie de l'Académie à Florence.

Sous le pinceau de Botticelli, Marie s'est humanisée pour devenir une délicieuse Madone aux yeux baissés vers le bel enfant potelé qui lui tend les bras. Auprès d'eux, le petit saint Jean-Baptiste et deux anges. La représentation a perdu en mystère ce qu'elle a gagné en grâce, mais Botticelli a su rendre tangible le silence de la Vierge en contemplation devant Jésus.

Une petite fille

Et la Sainte Vierge, est-ce que tu pries la Sainte Vierge ?
– Par exemple ?
– On dit ça... Seulement la pries-tu comme il faut ? La pries-tu bien ? Elle est notre mère, c'est entendu. Elle est la mère du genre humain, la nouvelle Ève. Mais elle est aussi sa fille. L'ancien monde, le douloureux monde, le monde d'avant la grâce l'a bercée longtemps sur son cœur désolé – des siècles et des siècles – dans l'attente obscure, incompréhensible d'une *virgo genitrix*... Des siècles et des siècles, il a protégé de ses vieilles mains chargées de crimes, ses lourdes mains, la petite fille merveilleuse dont il ne savait même pas le nom. Une petite fille, cette reine des Anges ! Et elle l'est restée, ne l'oublie pas ! Le Moyen Âge avait bien compris ça, le Moyen Âge a compris tout. Mais va donc empêcher les imbéciles de refaire à leur manière le « drame de l'Incarnation », comme ils disent ! Alors qu'ils croient devoir, pour le prestige, habiller en guignols de modestes juges de paix, ou coudre des galons sur la manche des contrôleurs de chemin de fer, ça leur ferait trop honte d'avouer aux incroyants que le seul, l'unique drame, le drame des drames – car il n'y en a pas d'autre – s'est joué sans décors et sans passementeries. Pense donc : le Verbe s'est fait chair, et les journalistes de ce temps-là n'en ont rien su !

Georges Bernanos, *Journal d'un curé de campagne*

LA VIERGE AUX ROSES,
Stephan Lochner, vers 1440,
Wallraf-Richartz Museum à Cologne.

Les anges déploient une tenture d'or au-dessus d'une Vierge entourée de roses et d'anges musiciens. Le jardin où elle est assise évoque à la fois le « jardin clos » du Cantique des cantiques, où se rencontrent le bien-aimé et la bien-aimée, et le jardin du Paradis réouvert grâce à la venue du Sauveur.

Celle qui fait Dieu

Et c'est ainsi que saint Luc nous dit que la sainte Vierge conservait, non qu'elle conférait, toutes ces choses dans son cœur. Elle ne les conservait pas seulement, elle les conférait, elle les concevait : elle les saisissait ensemble, elle en intégrait les rapports, elle adhérait par l'intelligence et par l'amour non seulement aux faits bruts, mais à la cause ensemble qui les produit [...]. Elle ne comprend pas seulement, elle incarne, elle élabore une image, elle est la Mère de Dieu. Elle est sous l'action du Saint Esprit, celle qui fait Dieu, celle qui le rend assimilable, celle qui réalise Dieu tout entier à notre chair et à nos regards. C'est elle qui fournit le Fils en tant qu'homme réalisé. C'est elle qui épouse le Père dans toute l'énergie de son principe générateur, en tant qu'il engendre le Christ, non seulement une fois, mais pour tous les temps dans le cœur de chaque chrétien.

Paul Claudel, *L'Épée et le miroir*

LA VIERGE EN ROUGE, DITE VIERGE DURÀN,
Roger van der Weyden, vers 1440,
Musée du Prado à Madrid.

Présentée comme une statue dans une niche en trompe-l'œil, Marie est revêtue d'un ample manteau rouge, couleur évocatrice de l'amour mais aussi du sang de la Passion à venir. Elle semble plongée dans une profonde méditation, tandis que ses mains retiennent avec tendresse un enfant joueur qui feuillette en les froissant les pages du livre de prière.

Air maternant le monde

Une mère vint modeler
Ces membres pareils aux nôtres
Pour que notre Astre du jour
Soit plus cher au genre humain :
Sa gloire nue aveuglerait,
Gagnerait moins l'esprit de l'homme.
Mais par Marie nous le voyons
Adouci, non effacé,
Et sa main voile son éclat
Pour ne pas blesser nos yeux.
Sois donc, ô Mère chérie,
Mon atmosphère, mon pays
Plus heureux, où cheminer
Sans la rencontre du péché ;
Au-dessus, à l'entour, repose,
Oppose à mes yeux rebelles
Un tendre ciel sans cicatrices ;
Éveille mon oreille, évoque
L'amour du Père, ô air vivant,
Patience, repentir, prière.
Air maternant le monde, air libre,
Par toi cerné, en toi îlé,
Abrite, embrasse ton enfant.

Gérard Manley Hopkins,
La Sainte Vierge comparée
à l'air que nous respirons

LE CONCERT DES ANGES,
Peinture d'un maître flamand du XVIe siècle,
Musée des Beaux-Arts de Bilbao (Espagne)

Cette fois c'est un bleu céleste qui envahit tout le champ de la peinture autour d'une Vierge et d'un Enfant qui rayonnent l'amour. Une nuée d'anges jouant des instruments les plus divers répandent en leur honneur des flots de musique dans l'azur ambiant.

Salut, étoile de la mer,
Douce Mère de Dieu
Et, toujours vierge,
Heureuse porte du ciel.

Accueillant cet Ave
De la bouche de Gabriel,
Affermis-nous dans la paix,
Retournant le nom d'Éva.

VIIe-IXe siècles

LE TEMPS DE L'ATTENTE

L'amour et la communion ne s'imposent pas.
Pour exister, ils doivent être accueillis librement
et amoureusement.
Ainsi, avant que le Verbe ne se fasse chair,
il a fallu que Dieu,
par l'intermédiaire d'un ange, Gabriel,
demande le cœur d'une femme.
Elle ne peut comprendre pleinement
le mystère qui s'offre à elle,

mais, dans la lumière et la paix
qui l'enveloppent à l'écoute de l'ange,
elle acquiesce :
« Que tout soit fait selon ta parole ».

Cette jeune femme juive a été préparée
depuis le commencement du monde,
depuis la création de l'homme et de la femme,
depuis Abraham.
Elle a été conçue dans le cœur de Dieu
bien avant d'être conçue dans le sein de sa mère.
Elle a été préparée pour accueillir cette invitation
et devenir la Mère du Fils bien aimé du Père.
Sans le savoir explicitement,
l'humanité attendait de génération en génération
le moment où Dieu viendrait parmi nous,
pour nous faire connaître Dieu
comme Père, Ami, Epoux,

et pour transformer la violence en pardon,
la guerre en paix.
Elle attendait le Prince de la paix.

A un moment donné de l'histoire,
cette petite fille, Marie, a été conçue.
Selon la tradition,
ses parents s'appelaient Anne et Joachim.
Une autre tradition, confirmée par l'Eglise,
affirme que cette petite fille
a été conçue pleine de Dieu,
que jamais en elle il n'y a eu d'obstacle à Dieu.
Lorsqu'elle a grandi,
Dieu a mis en son cœur une soif de connaître le Messie,
une soif qu'il se révèle au cœur de son peuple
afin que tous puissent accueillir l'Alliance divine.
Saint Augustin dit que la soif de Dieu en Marie
a hâté la venue du Verbe en elle.

Une longue attente

Alors qu'après avoir marché trente jours ils approchaient de leur but, un ange du Seigneur apparut à Anne, qui était en prière, et lui dit : « Va à la porte qu'on appelle Dorée à la rencontre de ton mari, car il reviendra aujourd'hui. » Et elle, en toute hâte, se mit en route avec ses servantes et debout, à la porte, elle attendit longtemps, tout en priant. Et alors que, par suite de cette longue attente, elle en défaillait presque, élevant son regard elle vit Joachim qui arrivait avec ses troupeaux. Anne courut vers lui et se suspendit à son cou en rendant grâces à Dieu et en disant : « J'étais veuve et voilà que je ne le suis plus, j'étais stérile et voilà que j'ai conçu. » Et toutes leurs connaissances et voisins se réjouirent, de sorte que tout le pays et les gens d'alentour les félicitaient de cette bonne nouvelle.
Après cela, les neuf mois étant accomplis, Anne mit au monde une fille et l'appela Marie.

Évangile du Pseudo-Matthieu 3,5 - 4,1

La Rencontre à la Porte Dorée,
Le Maître de la Vie de Marie,
actif à Cologne entre 1450 et 1480,
Alte Pinakothek de Munich.

Beaucoup de peintres, au Moyen Age, se sont inspirés des détails fournis par les évangiles apocryphes sur les parents de Marie, sur son enfance et sur sa vie. Ici sont juxtaposées, un peu à la manière d'une bande dessinée, plusieurs scènes évoquant le cheminement de Joachim vers son épouse. A l'arrière-plan il est au milieu de son troupeau, plus à droite il reçoit, comme elle, l'annonce d'un ange : leur couple, jusque-là stérile, va enfanter. Joachim se met alors en route vers Anne qu'il rencontre et embrasse au premier plan.

Le seul vrai regard d'enfant

Mais remarque bien maintenant, petit : la Sainte Vierge n'a eu ni triomphe, ni miracles. Son fils n'a pas permis que la gloire humaine l'effleurât, même du plus fin bout de sa grande aile sauvage. Personne n'a vécu, n'a souffert, n'est mort aussi simplement et dans une ignorance aussi profonde de sa propre dignité, d'une dignité qui la met pourtant au-dessus des Anges. Car, enfin, elle était née sans péché, quelle solitude étonnante ! Une source si pure, si limpide, si limpide et si pure, qu'elle ne pouvait même pas y voir refléter sa propre image, faite pour la seule joie du Père – ô solitude sacrée ! Les antiques démons familiers de l'homme, maîtres et serviteurs tout ensemble, les terribles patriarches qui ont guidé les premiers pas d'Adam au seuil du monde maudit, la Ruse et l'Orgueil, tu les vois qui regardent de loin cette créature miraculeuse placée hors de leur atteinte, invulnérable et désarmée. Certes, notre pauvre espèce ne vaut pas cher, mais l'enfance émeut toujours ses entrailles, l'ignorance des petits lui fait baisser les yeux – ses yeux qui savent le bien et le mal, ses yeux qui ont vu tant de choses ! Mais ce n'est que l'ignorance après tout. La Vierge était l'Innocence. Rends-toi compte de ce que nous sommes pour elle, nous autres, la race humaine ? Oh ! naturellement, elle déteste le péché, mais, enfin, elle n'a de lui nulle expérience, cette expérience qui n'a pas manqué aux plus grands saints, au saint d'Assise lui-même, tout séraphique qu'il est. Le seul regard vraiment enfantin, le seul vrai regard d'enfant qui se soit jamais levé sur notre honte et notre malheur.

Oui, mon petit, pour la bien prier, il faut sentir sur soi ce regard qui n'est pas tout à fait celui de l'indulgence – car l'indulgence ne va pas sans quelque expérience amère – mais de la tendre compassion, de la surprise douloureuse, l'on ne sait quel sentiment encore, inconcevable, inexprimable, qui la fait plus jeune que le péché, plus jeune que la race dont elle est issue, et bien que Mère par la grâce, Mère des grâces, la cadette du genre humain.

Georges Bernanos, *Journal d'un curé de campagne*

L'Immaculée Conception,
Murillo, 1678,
Musée du Prado à Madrid.

Environnée d'anges, Marie, « pleine de grâce », est célébrée par un peintre qui a multiplié les tableaux sur le sujet, un de ses thèmes de prédilection.

Naissance de Marie

Par quel effort, les Anges
N'explosent-ils de chants comme on éclate en pleurs ?
Ils savent qu'en cette nuit, la Mère
doit naître pour l'Enfant,
La Mère pour l'Unique qui va bientôt paraître.

Vers la ferme isolée de Joachim, ils sont
Un mouvement bercé dans leur silence.
Ils éprouvent – ah ! – qu'un événement pur
Se condense en eux et dans l'espace.
Mais à nul ange n'est permis qu'il vienne jusqu'au toit.

Car déjà le couple tant il s'agite est hors de soi.
Une voisine vint qui jacassa, ne sut que faire.
Et le vieillard à pas de loup, va de la vache
Sombre, étouffer le gémissement.
Ainsi, ce n'avait jamais encore été.

Rainer Maria Rilke, *La Vie de Marie*

La Nativité de la Vierge,
Maître de l'Observance, vers 1436,
Musée de la collégiale de Sant'Agata à Asciano,
près de Sienne.

Au centre du retable la petite Marie repose sur les genoux de la femme qui vient de s'occuper d'elle, tandis qu'une autre réchauffe une serviette devant le feu et qu'une troisième, à droite, veille à la toilette de l'accouchée. Les hommes sont relégués un peu à l'écart, à gauche. Malgré les détails intimes, la naissance de la Vierge est magnifiée par l'abondance des ors, par la voûte étoilée, par la présence des anges dans la chambre et sur le cadre sculpté, qui signalent la portée spirituelle de l'événement.

Au Temple du Seigneur

Or l'enfant eut trois ans, et Joachim dit : « Appelons les filles des Hébreux qui sont sans tache ; qu'elles prennent chacune une lampe, et que ces lampes soient allumées, pour qu'elle ne se retourne pas en arrière et que son cœur ne soit pas retenu captif hors du Temple du Seigneur. » Elles firent ainsi jusqu'à ce qu'elles fussent montées au Temple du Seigneur. Et le prêtre la reçut et, l'ayant embrassée, il la bénit et dit : « Le Seigneur Dieu a exalté ton nom dans toutes les générations. En toi, aux derniers jours, le Seigneur manifestera la rédemption aux fils d'Israël. » Et il la plaça sur le troisième degré de l'autel. Et le Seigneur fit descendre sa grâce sur elle. Et ses pieds se mirent à danser et toute la maison d'Israël l'aima.

Protévangile de Jacques 7, 2

La Présentation de Marie au Temple
Le Titien, 1534-1538,
Galleria dell'Accademia à Venise.

La scène est peinte sur le mur d'une salle dans lequel s'ouvrent deux portes. Environnée d'un halo lumineux, symbole de la gloire divine, l'enfant Marie gravit les marches du Temple auquel ses parents, Joachim et Anne, l'ont consacrée à sa naissance. Elle semble déjà très loin de la foule dans sa montée symbolique vers la demeure du Seigneur Dieu.

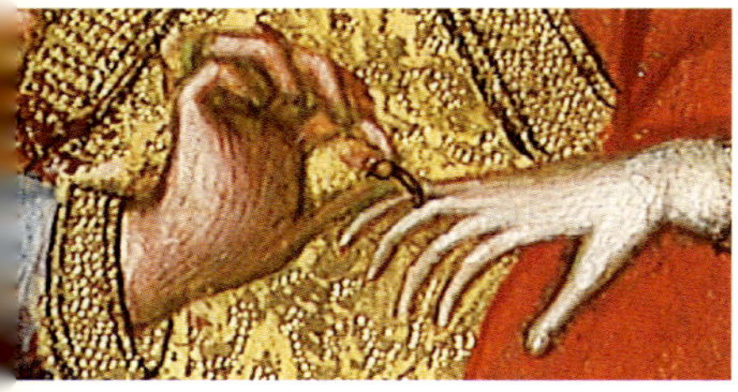

Sicut rosa

Belle rose de mai, florissante Marie,
Vierge, l'honneur des fleurs, pour notre bien fleurie,
Qui fais vivre notre âme en un gai renouveau :

Tu es la fleur du Ciel et l'odorante rose,
Qui du lustre éclatant du pourpre le plus beau
De tes rares beautés embellis toute chose.

Nicolas Le Digne, *Sicut rosa*

Le Mariage de la Vierge,
Bartolo di Fredi (1353-1410),
Pinacothèque nationale de Sienne.

Joseph tient à la main le rameau fleuri sur lequel s'est posé une colombe, signe selon les évangiles apocryphes qu'il a été choisi par Dieu. Sur la gauche les autres prétendants à la main de Marie expriment leur déception, l'un d'eux allant même jusqu'à briser son rameau stérile. Marie a été revêtue par le peintre d'une robe symboliquement couverte de fleurs. Les yeux baissés, elle tend la main à l'anneau que Joseph s'apprête à lui passer au doigt, en présence du grand-prêtre qui bénit leur union.

L'ANNONCIATION,
Fra Angelico (vers 1395-1455),
Fresque de la troisième cellule du couvent
San Marco à Florence.

Les mains croisées sur le cœur, Marie accepte de devenir la mère du Sauveur. L'ange qui lui délivre le message fait un geste analogue. Tous deux s'inclinent devant un mystère qui les dépasse. Peinte pour une cellule de religieux, la fresque invite au silence, à la méditation. A gauche, saint Pierre de Vérone, un martyr de l'ordre dominicain auquel appartient Fra Angelico, intériorise le mystère.

L'ANGE GABRIEL fut envoyé par Dieu dans une ville de Galilée, appelée Nazareth, à une jeune fille, une vierge, accordée en mariage à un homme de la maison de David, appelé Joseph ; et le nom de la jeune fille était Marie. L'ange entra chez elle et dit : « Je te salue, Comblée-de-grâce, le Seigneur est avec toi. » À cette parole, elle fut toute bouleversée, et elle se demandait ce que pouvait signifier cette salutation. L'Ange lui dit alors : « Sois sans crainte, Marie, car tu as trouvé grâce auprès de Dieu. Voici que tu vas concevoir et enfanter un fils, et tu lui donneras le nom de Jésus. Il sera grand, il sera appelé Fils du Très-Haut ; le Seigneur Dieu lui donnera le trône de David son père ; il régnera pour toujours sur la maison de Jacob, et son règne n'aura pas de fin. » Marie dit à l'Ange : « Comment cela va-t-il se faire, puisque je suis vierge ? » L'Ange lui répondit : « L'Esprit Saint viendra sur toi, et la puissance du Très-Haut te prendra sous son ombre ; c'est pourquoi celui qui va naître sera saint, et il sera appelé Fils de Dieu. Et voici qu'Élisabeth, ta cousine, a conçu, elle aussi, un fils dans sa vieillesse, et elle en est à son sixième mois, alors qu'on l'appelait « la femme stérile ». Car rien n'est impossible à Dieu. » Marie dit alors : « Voici la servante du Seigneur ; que tout se passe pour moi selon ta parole. »
Alors l'Ange la quitta.

Évangile selon Luc 1, 26-38

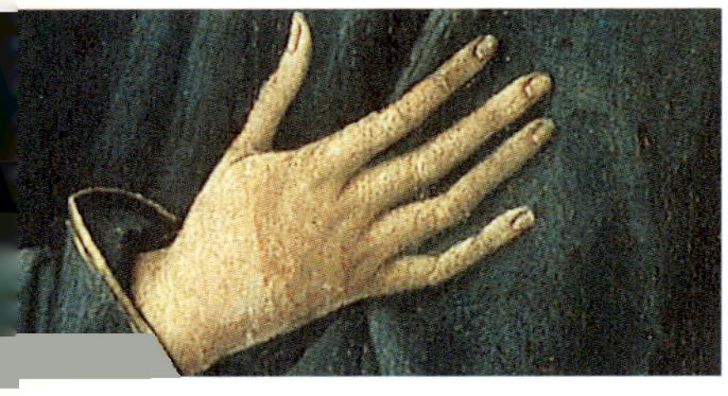

Annonciation

La Vierge Marie a fermé les yeux
Et voilé son cœur de ses deux paupières
Pour ne plus rien voir, pour entendre mieux
Un souffle qui fait trembler ses prières...

Un frisson le long du petit jardin
A couru... Qui vient ? La feuille nouvelle ?
Qui passe ?... Un oiseau sort du ciel. Soudain,
La graine des champs les sent partir d'elle.

Le vent sur le toit vient de rencontrer
Dessus, un oiseau que l'azur apporte.
Qui vole ?... Le ciel a poussé la porte,
La porte a chanté, un Ange est entré.

Un Ange a parlé tout bas dans la chambre.
Toi seule, ô Marie, entends ce qu'il dit.
Toi seule dans l'ombre et le Paradis.
Il a semé Dieu tout grand dans tes membres.

Je ne l'ai pas vu. Mais en s'en allant,
– J'étais sur le pas ému de la porte –
Il a laissé choir dans mon cœur tremblant
Un grain murmurant du Verbe qu'il porte.

Il a fait tomber à la place en moi
La plus ignorée et la plus profonde
Un mot où palpite on ne sait pas quoi,
Un mot dans mon sein pour le mettre au monde.

Ah ! comment un mot sortira-t-il bien
De moi que voilà qui suis peu savante ?
Mais le Saint-Esprit – je suis sa servante –
S'il veut qu'il me naisse y mettra du sien.

Marie Noël, *Le Rosaire des joies*

L'ANNONCIATION,
Urancke van der Stockt,
dit le Maître de la Rédemption
(vers 1430-avant 1493),
Musée des Beaux-Arts de Dijon.

Ici Marie et l'ange sont de face, la Vierge au premier plan, le messager en retrait, ce qui est peu fréquent dans les représentations de la scène. La main droite levée de l'ange, son sceptre, sa position légèrement surélevée suggèrent l'autorité qui lui vient de Dieu. Marie, les paupières baissées, entend la parole à laquelle la préparait sa prière, elle la laisse descendre en son cœur et porter fruit. Autour de la colonne qui fait office de séparation et de lien entre le monde du ciel et celui de la terre s'enroule une banderole sur laquelle est écrite la salutation de l'ange.

Le sens du mystère

Dans un de ses Contes, Benson imagine qu'un « voyant » arrive dans la chapelle isolée où prie une religieuse. Il entre. Or, voici qu'autour de ce lieu ignoré, il voit soudain le Monde entier se nouer, se mouvoir, s'organiser, au gré de l'intensité et de l'inflexion des désirs de la chétive orante. La chapelle du couvent était devenue comme le pôle autour duquel tournait la Terre. Autour d'elle-même, la contemplative sensibilisait et animait toutes choses parce qu'elle croyait ; et sa foi était opérante parce que son âme, très pure, la plaçait tout près de Dieu. – Cette fiction est une excellente parabole. (...)
Avons-nous quelquefois songé au sens du mystère de l'Annonciation ?
Quand le moment fut venu où Dieu avait résolu de réaliser à nos yeux son Incarnation, il lui fallut susciter au préalable, dans le Monde, une vertu capable de l'attirer jusqu'à nous. Il avait besoin d'une Mère qui l'engendrât dans les sphères humaines. Que fit-il alors ? Il créa la Vierge Marie, c'est-à-dire, il fit apparaître sur Terre une pureté si grande, que, dans cette transparence, il se concentrera jusqu'à apparaître Petit Enfant.
Voilà, exprimée dans sa force et sa réalité, la puissance de la pureté à faire naître le Divin parmi nous.

Pierre Teilhard de Chardin, *Le Milieu divin*

L'Annonciation,
Josse Lieferinxe, dit le Maître de Saint-Sébastien (vers 1472–vers 1508), Musée du Petit Palais d'Avignon.

Le livre de la Parole de Dieu sur les genoux, les deux mains ouvertes en un geste qui exprime à la fois l'acquiescement et l'émerveillement, Marie s'offre à l'action de l'Esprit Saint. Celui-ci jaillit du ciel, comme aimanté par son consentement, sous la forme d'une colombe glissant le long de rayons lumineux. La douceur heureuse des visages, les couleurs chaleureuses des vêtements, le souple envol de l'ange imprègnent le tableau d'une atmosphère de joie.

Ave
gra · plena · dominus · tecum

La Visitation,
Giotto, vers 1306,
Fresque de la chapelle Scrovegni à l'Arena de Padoue.

En ces jours-là, Marie se mit en route rapidement vers une ville de la montagne de Judée. Elle entra dans la maison de Zacharie et salua Élisabeth. Or, quand Élisabeth entendit la salutation de Marie, l'enfant tressaillit en elle. Alors, Élisabeth fut remplie de l'Esprit Saint, et s'écria d'une voix forte : « Tu es bénie entre toutes les femmes, et le fruit de tes entrailles est béni. Comment ai-je ce bonheur que la mère de mon Seigneur vienne jusqu'à moi ? Car, lorsque j'ai entendu tes paroles de salutation, l'enfant a tressailli d'allégresse au-dedans de moi. Heureuse, celle qui a cru à l'accomplissement des paroles qui lui furent dites de la part du Seigneur. »

Évangile selon Luc 1, 39-45

C'est l'intensité de la rencontre entre Elisabeth et Marie que Giotto est parvenu à rendre dans une de ses fresques les plus émouvantes. Les bras s'étreignent, les deux visages s'orientent l'un vers l'autre, celui, plus âgé et transfiguré de joie, d'Elisabeth entièrement tendu vers sa cousine, celui grave et pur de Marie recueilli sur la promesse qu'elle porte en elle.

Visitation

Tout alla bien pour elle au commencement,
mais déjà en montant elle sentit maintes fois
le miracle opérer dans son corps –
alors elle s'arrêtait et respirait sur les hautes

collines de Judée. Cependant s'étendait autour d'elle
non le paysage mais sa propre plénitude.
Elle savait ceci à chaque pas : on ne surpasserait jamais
la grandeur qu'elle éprouvait maintenant.

Et il lui tardait de poser la main
sur le sein de l'autre au fruit plus mûr.
Et les femmes, l'une vers l'autre chancelant,
caressèrent leurs robes et leurs chevelures.

Chacune, pleine de son dépôt sacré,
prenait refuge en sa parente.
Ah ! le Sauveur en Marie n'était encore qu'en fleur,
pourtant déjà dans le sein de l'aînée
la joie fit bondir le Baptiste.

Rainer Maria Rilke, *La Vie de Marie*

LA VISITATION,
Peinture d'un maître castillan du XVe siècle,
Musée Lazaro Galdiano à Madrid.

Sur fond d'or, symbole de l'éternité venant s'insérer dans le temps, Marie et Elisabeth se rejoignent, porteuses chacune du miraculeux prodige qu'est la promesse d'un enfant. Le peintre a représenté les enfants attendus par les deux femmes enceintes, chacun dans une mandorle lumineuse, et, de façon touchante dans sa naïveté, le petit Jean-Baptiste agenouillé devant l'enfant Jésus dont il reconnaît déjà la suprématie.

*Et elle mit au monde son fils premier-né ;
elle l'emmaillota et le coucha dans une mangeoire,
car il n'y avait pas de place pour eux dans
la salle commune.*

Évangile selon Luc 2, 6-7

LE TEMPS DE LA JOIE
La Nativité,
Mosaïque du XIIe siècle,
Eglise de la Martorana à Palerme (Sicile).

D'une étoile-fleur part un rayon qui aboutit à l'enfant, le désignant comme la Lumière du monde. La montagne, lieu traditionnel de la Révélation divine, s'est creusée en grotte pour accueillir la mère et le fils. Tournée vers Jésus qu'elle maintient des deux mains dans la mangeoire en forme d'autel où elle le couche, Marie nous regarde. Les anges dans le ciel chantent la joie de cette naissance que l'un d'eux, à gauche, annonce aux bergers. Plus bas, Joseph, un peu à l'écart, a l'attitude soucieuse d'un homme affronté à l'incompréhensible. A droite, deux femmes donnent à l'enfant un bain qui est une préfiguration du baptême.

Magnificat

Dieu, ma joie,
tu es le souffle de ma vie,
tu es la source de mon chant,
tu es le rythme de mon sang,
tu es le feu qui m'a saisie.

Dieu, ma joie,
tu as fait de ma pauvreté
ta demeure de silence
où tout être peut adorer
le secret de ta présence.

Dieu, ma joie,
toi seul es saint,
ton amour est puissance,
et dans tes mains
le monde prend naissance.

Dieu, ma joie,
tu disperses les vaniteux
comme la paille dans le vent,
mais tu chéris le malheureux
comme un enfant.

Dieu, ma joie,
tu renverses tous les rois,
tu dépouilles les nantis,
mais tu combles les petits
dont le cœur a faim de toi.

Dieu, ma joie,
tu es fidèle à tes promesses
depuis hier jusqu'à demain,
car ta tendresse
n'a pas de fin.

Alain Lerbret, *Sources*

La Visitation,
Peinture d'un maître hongrois vers 1480,
Galerie d'Art Hongrois de Budapest.

Illuminées de joie, Marie et Elisabeth chantent de concert le Magnificat dont les paroles se déroulent sur les banderoles qui flottent entre leurs têtes. La main et le genou de la Vierge semblent même scander l'hymne de louange qui jaillit de leurs lèvres. Sur la droite, le paon, symbole d'immortalité, est déjà promesse de résurrection.

En ces jours-là, parut un édit de l'empereur Auguste, ordonnant de recenser toute la terre. – Ce premier recensement eut lieu lorsque Quirinius était gouverneur de Syrie. – Et chacun allait se faire inscrire dans sa ville d'origine.
Joseph, lui aussi, quitta la ville de Nazareth en Galilée, pour monter en Judée, à la ville de David appelée Bethléem, car il était de la maison et de la descendance de David. Il venait se faire inscrire avec Marie, son épouse, qui était enceinte. Or, pendant qu'ils étaient là, arrivèrent les jours où elle devait enfanter.

Évangile selon Luc, 2, 1-5

LE DÉNOMBREMENT DE BETHLÉEM,
Bruegel, 1566,
Bruxelles, Musées Royaux des Beaux-Arts de Belgique.

Bruegel, peintre du Nord et de la Flandre, a situé ce recensement en hiver, dans une des bourgades enneigées de son pays. Joseph et Marie assise sur l'âne sont de simples villageois parmi d'autres, qui cheminent vers l'auberge où afflue la foule pour effectuer leur enregistrement.

Salut, Reine des cieux,
Salut, Dame des Anges,
Salut, racine, salut, porte
D'où la lumière s'est levée sur le monde :
Réjouis-toi, Vierge glorieuse,
Belle entre toutes les femmes,
Je te salue, splendeur radieuse,
Implore pour nous le Christ !

X[e] ou XIe siècle

LE TEMPS DE LA JOIE

Le corps de Marie s'épanouit avec la maternité.
Sa joie est d'être en communion
avec le fruit de ses entrailles
et avec Joseph, son époux.
Sa joie est de vivre la tendresse :
contempler les yeux de son enfant qui la contemple,
jouer avec lui, rire avec lui, chanter,
parler, partager avec lui.
Tout en elle est grâce.

Tout en elle est source
de communion avec Dieu.
La joie de Marie est d'être pleinement
en harmonie avec son Dieu,
sachant qu'il veille sur elle,
la protège et la conduit.
Sa joie est que le fruit de ses entrailles
soit aussi son roi et son Dieu.
Tout est unifié en elle : son corps, son esprit,
son cœur, son affectivité, son intelligence.
Elle vit à la fois un bonheur humain
et une béatitude divine.

Marie connaît la joie et l'extase
des épousailles divines
quand le Verbe se fait chair en elle.
Elle connaît la joie des mois
où l'enfant grandit en elle
et où tout son corps est transformé.
Elle connaît la joie de l'enfantement
où pour la première fois,
elle contemple et touche Jésus,

son fils bien aimé, le Fils de Dieu.
Elle connaît la joie des années vécues avec Jésus,
aimée, protégée et guidée
par Joseph et par le Père.

La joie de Marie est la joie
même de la Trinité.
Cette joie est vécue
dans une vie simple et pauvre,
au milieu d'un village de pauvres.
Marie ne fait rien d'extraordinaire.
Elle accomplit les tâches quotidiennes :
cuisine, ménage, lessive, tissage, couture.
Elle accueille les voisins avec bonté
et joue avec les enfants du village.
Elle vit dans la foi,
car Jésus est semblable à tous les enfants.
Elle vit l'amour et la communion des cœurs,
car Jésus est si beau et si aimant !
Elle est le modèle de tous ceux et celles
qui vivent une vie ordinaire,
cachée, en communion avec Jésus.

*Et elle mit au monde son fils premier-né ;
elle l'emmaillota et le coucha dans une mangeoire,
car il n'y avait pas de place pour eux dans
la salle commune.*

Évangile selon Luc 2, 6-7

LE TEMPS DE LA JOIE
La Nativité,
Mosaïque du XIIe siècle,
Eglise de la Martorana à Palerme (Sicile).

D'une étoile-fleur part un rayon qui aboutit à l'enfant, le désignant comme la Lumière du monde. La montagne, lieu traditionnel de la Révélation divine, s'est creusée en grotte pour accueillir la mère et le fils. Tournée vers Jésus qu'elle maintient des deux mains dans la mangeoire en forme d'autel où elle le couche, Marie nous regarde. Les anges dans le ciel chantent la joie de cette naissance que l'un d'eux, à gauche, annonce aux bergers. Plus bas, Joseph, un peu à l'écart, a l'attitude soucieuse d'un homme affronté à l'incompréhensible. A droite, deux femmes donnent à l'enfant un bain qui est une préfiguration du baptême.

Η ΧΥ
ΓΕΝΝΗϹΙϹ

Qui ne se réjouirait ?

La Mère se tenait, toute belle
Et joyeuse, à côté du fourrage
Où gisait le tout-petit.

Son âme riante,
Pleine de joie et de ferveur,
La jubilation la transperça.

Oh ! que joyeuse et heureuse
Fut celle-là, l'immaculée,
La Mère du Fils unique !

Qui se réjouissait et riait,
Qui exultait, cependant qu'elle voyait
La naissance de son fils.

Qui ne se réjouirait
S'il voyait la Mère du Christ
Dans un tel ravissement ?

Jacopone da Todi, XIIIe siècle

La Nativité,
Maître Francke, panneau de retable, 1424,
Kunsthalle de Hambourg.

Sous un scintillement d'étoiles, Marie s'agenouille et joint les mains devant un nouveau-né rayonnant qui semble atterrir sur le sol : Jésus « descend du ciel », il est le don du Père au monde, et la Vierge le reçoit dans une atmosphère d'adoration joyeuse que traduit la dominante rouge du panneau. Dominus meus et Deus meus, *« Mon Seigneur et mon Dieu », murmure-t-elle, tandis que trois anges déploient autour d'elle son grand manteau, improvisant un sanctuaire pour l'enfant.*

Dominus · meus · et deus meus

Berceuse de la Mère-Dieu

Mon Dieu qui dormez faible entre mes bras,
Mon enfant tout chaud sur mon cœur qui bat,
J'adore en mes mains et berce étonnée,
La merveille, ô Dieu, que m'avez donnée.

De fils, ô mon Dieu, je n'en avais pas.
Vierge que je suis, en cet humble état,
Quelle joie en fleur de moi serait née ?
Mais vous, Tout-Puissant, me l'avez donnée.

Que rendrais-je à Vous, moi sur qui tomba
Votre grâce ? Ô Dieu, je souris tout bas,
Car j'avais aussi, petite et bornée,
J'avais une grâce et Vous l'ai donnée.

De bouche, ô mon Dieu, Vous n'en aviez pas
Pour parler aux gens perdus d'ici-bas...
Ta bouche de lait vers mon sein tourné,
Ô mon fils, c'est moi qui te l'ai donnée.

De main, ô mon Dieu, Vous n'en aviez pas
Pour guérir du doigt leurs pauvres corps las...
Ta main, bouton clos, rose encor gênée,
Ô mon fils, c'est moi qui te l'ai donnée.

De chair, ô mon Dieu, Vous n'en aviez pas
Pour rompre avec eux le pain du repas...
Ta chair au printemps de moi façonnée,
Ô mon fils, c'est moi qui te l'ai donnée.

De mort, ô mon Dieu, Vous n'en aviez pas
Pour sauver le monde... Ô douleur, là-bas,
Ta mort d'homme, un soir, noire, abandonnée,
Mon petit, c'est moi qui te l'ai donnée.

Marie Noël, *Le Rosaire des joies*

La Nuit sainte,
Fritz von Uhde (1848-1911),
Staatliche Kunstsammlungen, Neue Meister, à Dresde.

Entre des bergers-mineurs aux visages noircis de suie et des anges-enfants qui chantent comme à l'église du village, la jeune mère, assise dans une grange sur un matelas posé à même le sol, contemple avec ferveur l'enfant qui repose sur ses genoux. Fritz von Uhde a transposé la Nativité dans la vie paysanne et ouvrière de la région où il vit.

La Nativité,
Maître de Moulins, vers 1480,
Musée Rolin à Autun.

Marie s'enfonce en un émerveillement si profond que le sang paraît avoir reflué de son visage.

Un émerveillement anxieux

La Vierge est pâle et elle regarde l'enfant. Ce qu'il faudrait peindre sur son visage, c'est un émerveillement anxieux qui n'a paru qu'une fois sur une figure humaine. Le Christ est son enfant, la chair de sa chair et le fruit de ses entrailles. Elle l'a porté neuf mois et lui donnera le sein et son lait deviendra le sang de Dieu. Et par moments la tentation est si forte qu'elle oublie qu'il est Dieu. Elle le serre dans ses bras et elle dit : « Mon petit. »

Mais à d'autres moments, elle demeure interdite et elle pense : Dieu est là, et elle est prise d'une horreur religieuse pour ce Dieu muet, pour cet enfant terrifiant. Toutes les mères sont ainsi arrêtées par moments devant ce fragment rebelle de leur chair qu'est leur enfant, et elles se sentent en exil devant cette vie neuve qu'on a fait avec leur vie et qu'habitent des pensées étrangères. Mais aucun enfant n'a été plus cruellement et plus rapidement arraché à sa mère, car il est Dieu et il dépasse de tous côtés ce qu'elle peut imaginer...

Mais je pense qu'il y a aussi d'autres moments, rapides et glissants, où elle sent à la fois que le Christ est son fils, son petit à elle, et qu'il est Dieu. Elle le regarde et elle pense : « Ce Dieu est mon enfant. Cette chair divine est ma chair. Il est fait de moi, il a mes yeux et cette forme de sa bouche, c'est la forme de la mienne. Il me ressemble. Il est Dieu et il me ressemble. »

Et aucune femme n'a eu de la sorte son Dieu pour elle seule, un Dieu tout petit qu'on peut prendre dans ses bras et couvrir de baisers, un Dieu tout chaud qui sourit et qui respire, un Dieu qu'on peut toucher et qui rit. Et c'est dans un de ces moments-là que je peindrais Marie si j'étais peintre.

Jean-Paul Sartre, *Bariona*, *Jeu de Noël*

L'Adoration des bergers,
Hugo van der Goes, triptyque Portinari, vers 1475, Galerie des Offices à Florence.

Arrivés auprès de l'enfant, trois bergers fascinés se joignent à l'adoration de Marie, qui se communique à toute l'assistance.

Dans les environs se trouvaient des bergers, qui passaient la nuit dans les champs pour garder leurs troupeaux. L'Ange du Seigneur s'approcha, et la gloire du Seigneur les enveloppa de sa lumière. Ils furent saisis d'une grande crainte, mais l'ange leur dit : « Ne craignez pas, car voici que je viens vous annoncer une bonne nouvelle, une grande joie pour tout le peuple : aujourd'hui vous est né un Sauveur, dans la ville de David. Il est le Messie, le Seigneur. Et voilà le signe qui vous est donné : vous trouverez un nouveau-né emmailloté et couché dans une mangeoire. » Et soudain, il y eut avec l'ange une troupe céleste innombrable, qui louait Dieu en disant : « Gloire à Dieu au plus haut des cieux, et paix sur la terre aux hommes qu'il aime. »

Lorsque les anges eurent quitté les bergers pour le ciel, ceux-ci se disaient entre eux : « Allons jusqu'à Bethléem pour voir ce qui est arrivé, et que le Seigneur nous a fait connaître. » Ils se hâtèrent d'y aller, et ils découvrirent Marie et Joseph, avec le nouveau-né couché dans une mangeoire. Après l'avoir vu, ils racontèrent ce qui leur avait été annoncé au sujet de cet enfant. Et tout le monde s'étonnait de ce que racontaient les bergers. Marie, cependant, retenait tous ces événements et les méditait dans son cœur. Les bergers repartirent ; ils glorifiaient et louaient Dieu pour tout ce qu'ils avaient entendu et vu selon ce qui leur avait été annoncé.

Évangile selon Luc 2, 8-20

Adoration des bergers

Immobiles
Nuit après nuit
Ils font silence
Ils écoutent le mouvement du silence
Ils sondent
Les hauteurs du ciel dans leur âme
Et leur âme
Par-delà

Et parfois
À l'orée de leur âme
Ils contemplent comme on fixe le feu
La musique éblouissante de Dieu
Et la flamme monte droit dans leurs yeux
Comme l'échelle des anges

Il advient qu'un messager
Partage un instant leur veille
Et leur silence et leur pain
Celui-ci est un Ange
Ils le savent
Ils s'émerveillent
Sans bouger

Se recueillent
Dans la gloire de Dieu
Qui tout emplit tel un raz de marée
Tel un vent d'étoiles
Tel un murmure
À la mesure du cœur

Se mettent en marche
Les siècles derrière eux
Chantant à Dieu
Un chant plus vaste que la voûte des mondes
Plus secret que l'intime du cœur
Chant de l'attente
Et du chemin

À la mère du Verbe enfant
Ces silencieux font l'hommage
De quelques pauvres présents
Et de paroles
Longtemps mûries

Pierre Emmanuel, *Évangéliaire*

L'ADORATION DES BERGERS,
Caravage, 1609,
Musée régional de Messine.

Endormie de fatigue, Marie a glissé à terre, trouvant encore la force de maintenir contre elle l'enfant qui est son trésor. Les bergers les contemplent dans un silence recueilli, entre compassion et émerveillement.

L'Adoration des mages

Jésus est né à Bethléem, au temps du roi Hérode le Grand. Or, voici que des mages venus d'Orient arrivèrent à Jérusalem et demandèrent : « Où est le roi des Juifs qui vient de naître ? Nous avons vu se lever son étoile et nous sommes venus nous prosterner devant lui. » En apprenant cela, le roi Hérode fut pris d'inquiétude, et tout Jérusalem avec lui. Il réunit tous les chefs des prêtres et tous les scribes d'Israël, pour leur demander en quel lieu devait naître le Messie. Ils lui répondirent : « À Bethléem en Judée, car voici ce qui est écrit par le prophète : Et toi, Bethléem en Judée, tu n'es certes pas le dernier parmi les chefs-lieux de Judée ; car de toi sortira un chef, qui sera le berger d'Israël mon peuple. » Alors Hérode convoqua les mages en secret pour leur faire préciser à quelle date l'étoile était apparue ; puis il les envoya à Bethléem, en leur disant : « Allez vous renseigner avec précision sur l'enfant. Et quand vous l'aurez trouvé, avertissez-moi pour que j'aille, moi aussi, me prosterner devant lui. » Sur ces paroles du roi, ils partirent.

Et voilà que l'étoile qu'ils avaient vue se lever les précédait : elle vint s'arrêter au-dessus du lieu où se trouvait l'enfant. Quand ils virent l'étoile, ils éprouvèrent une très grande joie. En entrant dans la maison, ils virent l'enfant avec Marie sa mère ; et, tombant à genoux, ils se prosternèrent devant lui. Ils ouvrirent leurs coffrets, et lui offrirent leurs présents : de l'or, de l'encens et de la myrrhe.

Mais ensuite, avertis en songe de ne pas retourner chez Hérode, ils regagnèrent leur pays par un autre chemin.

Évangile selon Matthieu 2, 1-12

L'ADORATION DES MAGES,
Lorenzo Monaco, 1420-22,
Galerie des Offices à Florence.

Joie dans le ciel et paix sur la terre où s'étire la longue cohorte des mages jusqu'aux pieds de la mère et de l'enfant, célébrés par les ors et les couleurs vives et fraîches de Lorenzo Monaco.

Conduits par l'étoile

Les mages sont conduits par l'étoile. C'est une étoile qui révèle et annonce Jésus, et conduit à Jésus et à l'étoile qui possède Jésus, c'est-à-dire à Marie ; car vous êtes une étoile, Très Sainte Vierge, une étoile plus brillante que celles du ciel, une étoile en la terre, mais qui offusque les étoiles du ciel, et devant laquelle viennent fondre les anges et perdre leur lumière ; une étoile en terre, mais qui luit et qui a paru premièrement au ciel qu'en la terre, une étoile qui conserve sa lumière en la présence d'un soleil et qui enfante même un soleil, c'est-à-dire Jésus. Et vous trouverez, ô mages, par la conduite de votre étoile, et plus encore par celle de votre foi, ce soleil et cette étoile, Jésus au sein et entre les bras de Marie, qui tient son Fils, son Dieu et son tout ; et vous le va présenter, ô sages rois et les uniques sages du monde, qui savez chercher, trouver et adorer Jésus en la terre.

Pierre de Bérulle, *Sermon sur la fête des Rois*

L'Adoration des mages,
Roger van der Weyden, retable de Sainte-Colombe, vers 1460, Alte Pinakothek de Munich.

Le rayonnement de l'étoile qui brille à l'arrière de l'étable se répète dans celui qui nimbe les visages de Marie et de Jésus. Enveloppée du bleu intense de son manteau, la main sur le cœur, les yeux baissés sur l'enfant qu'elle présente aux mages, la Vierge participe de tout son être à leur adoration.

Quand arriva le jour fixé par la loi de Moïse pour la purification, les parents de Jésus le portèrent à Jérusalem pour le présenter au Seigneur, selon ce qui est écrit dans la Loi : « Tout premier-né de sexe masculin sera consacré au Seigneur. » Ils venaient aussi présenter en offrande le sacrifice prescrit par la loi du Seigneur : un couple de tourterelles ou deux petites colombes.
Or, il y avait à Jérusalem un homme appelé Syméon. C'était un homme juste et religieux, qui attendait la Consolation d'Israël, et l'Esprit Saint était sur lui. L'Esprit lui avait révélé qu'il ne verrait pas la mort avant d'avoir vu le Messie du Seigneur. Poussé par l'Esprit, Syméon vint au Temple. Les parents y entraient avec l'enfant Jésus pour accomplir les rites de la Loi qui le concernaient. Syméon prit l'enfant dans ses bras, et il bénit Dieu en disant :
« Maintenant, ô Maître,
tu peux laisser ton serviteur s'en aller dans la paix,
selon ta parole.
Car mes yeux ont vu ton salut,
que tu as préparé à la face de tous les peuples :
lumière pour éclairer les nations païennes,
et gloire d'Israël ton peuple. »

Évangile selon Luc 2, 22-32

La Présentation de Jésus au Temple,
Enluminure romane de l'école d'Echternach, XIe ou XIIe siècle, Bibliothèque Querini de Brescia.

Marie présente l'enfant-Dieu, figuré comme un Christ adulte en miniature, au vieillard Syméon qui tend vers lui des mains recouvertes d'un voile en signe de respect, conformément à la coutume byzantine. Surmonté d'une couronne, Jésus, au centre de l'enluminure, semble trôner sur un autel : il est la Lumière que Syméon s'apprête à recevoir.

Présentation au Temple

Que sera cet enfant ? Comme il paraît loin
au bout de nos bras qui te le présentent !
Nous l'élèverons, il nous ressemblera
mis en lui montera aussi ta Ressemblance
ce Visage inconnu, terrible peut-être
qui consumera le voile des cœurs.
Je ne demande pas à être épargnée
mais à voir grandir lentement cette part
que tu as en lui, à grandir avec elle
pendant ce temps précieux où tu nous le confies
tandis que Joseph nous protège encore.
Un jour, je le sais, tu lui parleras
et nous n'entendrons plus. Il se détachera
silencieux comme un fruit. Rassure-nous alors
et qu'il retrouve seul le chemin du Temple.

Jean-Pierre Lemaire, *L'Annonciade*

LA PRÉSENTATION DE JÉSUS AU TEMPLE,
Giovanni Bellini (vers 1430-1516),
Bibliothèque Querini Stampalia à Venise.

Le cadrage à mi-corps choisi par Bellini, original pour l'époque, dramatise la scène en invitant le spectateur à faire siens les sentiments des personnages. Les regards sont intenses, l'instant unique : l'enfant va passer des mains de Marie, qui l'entourent comme un fardeau précieux, à celles de Syméon, qui s'apprêtent à le recevoir.

Comment ouvrirai-je ?

Comment ouvrirai-je
Les fontaines de mon lait
À toi, divine fontaine ?
Comment donnerai-je
Nourriture
À qui nourrit tout être
De sa table ?
Des langes
À qui est revêtu de splendeur ?

Ma bouche ne sait pas
Comment te nommer,
Ô Fils du Dieu vivant !
Si j'ose t'appeler
Comme fils de Joseph,
Je tremble car tu n'es pas de sa semence ;
Mais si je refuse ce nom,
Je suis dans les transes
Car on m'a mariée à lui.

Bien que tu sois Fils d'un seul,
Désormais je t'appellerai
Le fils d'un grand nombre,
Car à toi ne suffisent pas
Des milliers de noms :
Tu es fils de Dieu, mais aussi fils de l'homme ;
Et puis, fils de Joseph
Et fils de David
Et fils de Marie.

Saint Éphrem, *Hymne sur la Nativité*

LA VIERGE AU BON LAIT,
Le Greco, vers 1595,
Hôpital San Juan Bautista
de Tolède.

Cette peinture imprégnée de tendresse insiste, par le jeu des mains, sur les liens de solidarité entre les membres de la Sainte Famille, la Vierge, saint Joseph et sainte Anne, unis par leur commun amour pour l'enfant. Pas d'auréole dessinée, mais autour du visage de Marie les nuages se sont écartés pour l'environner de ciel bleu.

REDON

La Fuite en Égypte

Après le départ des mages, l'Ange du Seigneur apparaît en songe à Joseph et lui dit : « Lève-toi ; prends l'enfant et sa mère, et fuis en Égypte. Reste là-bas jusqu'à ce que je t'avertisse, car Hérode va rechercher l'enfant, pour le faire périr. » Joseph se leva ; dans la nuit, il prit l'enfant et sa mère, et se retira en Égypte, où il resta jusqu'à la mort d'Hérode. Ainsi s'accomplit ce que le Seigneur avait dit par le prophète : « D'Égypte, j'ai appelé mon fils ».

Évangile selon Matthieu 2, 13-15

La Fuite en Égypte,
Odilon Redon (1840-1916),
Musée d'Orsay à Paris.

Le peintre symboliste Odilon Redon ne cherche pas tant à représenter la Fuite qu'à évoquer visuellement un mystère de salut. La Sainte Famille avance, entourée d'une aura lumineuse qui éclaire ses pas alors que devant elle s'étend l'obscurité de l'inconnu.

Le temps de la marche

Et voici qu'elle devait toujours marcher ; ses sandales de cuir commençaient à s'élimer ; l'ânesse qui réclamait de plus en plus souvent sa pitance renâclait à avancer, même la nuit quand la chaleur tombait. Se cacher aussi, car des hommes venaient leur demander qui ils étaient, qui était ce couple étranger qui tenait en ses bras un bébé si miraculeusement beau et quelle était cette lumière irradiante qui les nimbait tous les trois, jusqu'à cette bougresse d'ânesse qui semblait si radieuse et qui faisait la fière. La nuit, les étoiles les guidaient comme lorsque les Rois mages avaient pu venir adorer l'enfant. On allait d'étoile en étoile, suivant leur périple, leur chemin de lumière, et le bruit du fleuve doucement rafraîchissait le voyage, l'impression si monotone de la marche. Marie, dans sa tête, quelquefois, laissait passer des songes, faisant confiance à l'ânesse, à Joseph ; l'enfant aussi s'habituait aux tétées hoquetantes, aux soubresauts du trot. Et, pendant qu'elle le tenait, Marie pensait à plus tard, à ce retour qu'il faudrait bien faire un jour, une fois que Hérode aurait cessé de les poursuivre ; elle pensait à ces journées heureuses qu'elle se promettait de vivre à Nazareth, le village de sa mère et de son enfance ; elle pensait aussi à ces menaces diffuses de Gabriel, à ce que disaient aussi les prophètes, à ces taches de sang, à ces morts abominables qu'elle avait apprises au Temple autrefois et dont elle savait bien qu'un jour elles auraient lieu. Mais comment imaginer ce bébé sur une croix ? Comment pouvait-il porter en lui tant d'horreurs et de souffrances ? (...)
Les marches étaient douces à la nuit tombée au pas régulier de l'ânesse.

Alain Vircondelet, *La Vie, la vie*.

La Fuite en Égypte,
Melchior Broederlam, détail du retable Champmol, 1397, Musée des Beaux-Arts de Dijon.

La fatigue et la soif se font sentir : Joseph boit à la gourde, Marie presse contre la sienne la joue de l'enfant.

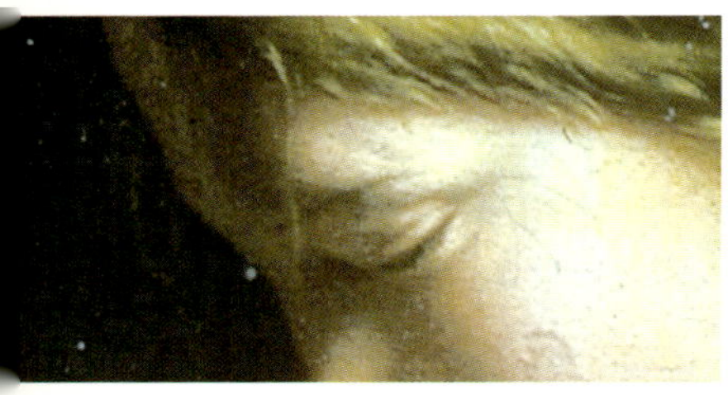

Le repos en Égypte

La nuit est bleue et chaude, et le calme infini...
Roulé dans son manteau, le front sur une pierre,
Joseph dort, le cœur pur, ayant fait sa prière ;
Et l'âne à ses côtés est comme un humble ami.

Entre les pieds du Sphinx appuyée à demi,
La Vierge, pâle et douce, a fermé la paupière ;
Et, dans l'ombre, une étrange et suave lumière
Sort du petit Jésus dans ses bras endormi.

Autour d'eux le désert s'ouvre mystérieux ;
Et tout est si tranquille à cette heure, en ces lieux,
Qu'on entendrait l'enfant respirer sous ses voiles.

Nul souffle... La fumée immobile du feu
Monte ainsi qu'un long fil se perdre dans l'air bleu...
Et le Sphinx éternel atteste les étoiles.

Albert Samain, *Le Chariot d'or*

LE REPOS PENDANT LA FUITE EN ÉGYPTE,
Orazio Gentileschi, vers 1626, Musée du Louvre à Paris.

Le ciel est orageux, la chaleur tangible, l'heure à la douceur du repos. Marie, peinte sous les traits d'une belle Toscane, allaite l'enfant. Ce moment d'intimité est décrit avec un grand raffinement du dessin et des couleurs.

Arbre, incline-toi

Deux jours après leur départ, il advint que Marie, dans le désert, souffrit de l'excessive chaleur du soleil, et, voyant un palmier, elle désira se reposer un peu à son ombre. Joseph s'empressa de la conduire près du palmier et la fit descendre de sa monture. Et, après que Marie se fut assise, levant les yeux vers le feuillage du palmier, elle vit qu'il était chargé de fruits, et elle dit : « Oh, s'il était possible que je puisse goûter des fruits de ce palmier. » Et Joseph lui dit : « Je m'étonne que tu dises cela, alors que tu vois combien ce palmier est haut. Toi, tu songes aux fruits du palmier, mais moi je songe à l'eau qui manque déjà dans nos outres, et nous n'avons pas de quoi les remplir et nous désaltérer. » Alors, le petit enfant Jésus, assis sur les genoux de sa mère la vierge, s'écria et dit au palmier : « Arbre, incline-toi, et restaure ma mère de tes fruits. » Et aussitôt, à cette parole, le palmier inclina sa tête jusqu'aux pieds de Marie, et, après avoir cueilli les fruits qu'il portait, tous se restaurèrent.

Évangile du Pseudo-Matthieu 20, 1-2

Le Repos pendant la fuite en Égypte,
Jean Colombe, enluminure des Très Riches Heures du duc de Berry, XVe siècle, Musée Condé à Chantilly.

Est-ce la fuite ou le retour d'Égypte que représente cette enluminure ? L'enfant Jésus a curieusement grandi ! Mais la scène proposée est bien celle racontée par l'évangile apocryphe : l'inclinaison du palmier en réponse au désir de Marie. Joseph lui tend complaisamment les fruits de l'arbre, dans une magnifique harmonie de verts et de bleus.

La mère du charpentier

La mère, vieillie, de cet ouvrier charpentier, cherchait au fond de l'ombre les anges qui dans les jours après l'Annonciation n'avaient cessé de peupler sa vie. C'étaient eux qui, durant la nuit sainte, avaient montré aux bergers la route de la grotte et, du fond de ces mêmes ténèbres où l'amour tremblait de froid dans une crèche, promis la paix sur la terre aux hommes de bonne volonté. C'était un ange encore qui avait, en songe, ordonné à Joseph de prendre l'Enfant et sa mère et de fuir en Égypte la colère d'Hérode... Mais depuis le retour à Nazareth, le ciel s'était refermé, les anges avaient disparu.

Il fallait laisser le Fils de Dieu s'enfouir profondément dans la chair de l'homme. D'année en année, la mère du charpentier aurait pu croire qu'elle avait rêvé, si elle ne fût demeurée continûment en la présence et du Père et du Fils, passant et repassant dans son cœur les choses accomplies...

« Vous-même, un glaive transpercera votre âme... » ?

Cette parole ne l'a plus jamais quittée : cette parole, ce glaive. Il est entré en elle à cette heure-là et il y demeure enfoncé. Car elle sait bien qu'elle ne peut être atteinte que dans son fils, que toute souffrance, comme toute joie, ne lui vient que de lui.

François Mauriac, *Vie de Jésus*

LA SAINTE FAMILLE,
Nicolas Vleughels (1668-1737),
Musée de l'Ermitage
à Saint-Pétersbourg.

Le décor architectural n'est sans doute pas celui qui conviendrait à la modeste demeure de Nazareth, mais le peintre a cherché à rendre l'atmosphère intime des relations existant entre les membres de la Sainte Famille. Il a fait de Marie une jeune maman fière de montrer son fils aux visiteurs, et soutenue par la présence active de Joseph qui gagne leur vie au premier plan.

Marie et Jésus retrouvé au Temple

Chaque année, les parents de Jésus allaient à Jérusalem pour la fête de la Pâque. Quand il eut douze ans, ils firent le pèlerinage suivant la coutume. Comme ils s'en retournaient à la fin de la semaine, le jeune Jésus resta à Jérusalem sans que ses parents s'en aperçoivent. Pensant qu'il était avec leurs compagnons de route, ils firent une journée de chemin avant de le chercher parmi leurs parents et connaissances. Ne le trouvant pas, ils revinrent à Jérusalem en continuant à le chercher. C'est au bout de trois jours qu'ils le trouvèrent dans le Temple, assis au milieu des docteurs de la Loi : il les écoutait et leur posait des questions, et tous ceux qui l'entendaient s'extasiaient sur son intelligence et sur ses réponses. En le voyant, ses parents furent stupéfaits, et sa mère lui dit : « Mon enfant, pourquoi nous as-tu fait cela ? Vois comme nous avons souffert en te cherchant, ton père et moi ! » Il leur dit : « Comment se fait-il que vous m'ayez cherché ? Ne le saviez-vous pas ? C'est chez mon Père que je dois être. » Mais ils ne comprirent pas ce qu'il leur disait. Il descendit avec eux pour rentrer à Nazareth, et il leur était soumis. Sa mère gardait dans son cœur tous ces événements. Quant à Jésus, il grandissait en sagesse, en taille et en grâce sous le regard de Dieu et des hommes.

Évangile selon Luc, 2, 41-52

JÉSUS RETROUVÉ AU TEMPLE,
Duccio, prédelle de la Maestà,
1308-1311,
Museo dell'Opera del Duomo, à Sienne.

A l'angle gauche, Marie et Joseph tendent éperdument les mains vers l'enfant qu'ils ont cherché pendant trois longues journées et qu'ils retrouvent enfin au milieu des docteurs du Temple. Isolé sur une estrade qui l'élève au-dessus des docteurs extasiés, Jésus répond de la main à leur interrogation.

Debout, la Mère des douleurs
Près de la croix était en pleurs
Alors que son fils y pendait

Et dans son âme gémissante,
Consternée et souffrante,
Un glaive perçant s'enfonçait.

Jacopone da Todi, XIIIe *siècle.*

LE TEMPS DE LA SÉPARATION

Pendant trente ans,
Marie a vécu la joie de la présence de son fils,
se laissant former par lui.
Elle est la première de ses disciples.
Cependant, au cours d'un pèlerinage à Jérusalem,
lorsque Jésus a disparu pendant trois jours,
elle a connu une angoisse terrible.
Puis il y eut la séparation annoncée aux noces de Cana :
« Femme, qu'y a-t-il entre toi et moi ? »

C'était le début de la vie publique de Jésus.
Marie a vécu alors une forme de vide,
avec l'absence de Jésus.
La dernière séparation, celle de la mort,
a été précédée par une intense communion douloureuse.
Marie était debout, près de la Croix,
totalement unie à Jésus,
qui était dépouillé de tout hormis
de cette communion intense avec sa mère,
la joie de son cœur.
Elle était avec lui, le portant
dans sa confiance et son amour,
s'offrant avec lui au Père.
Juste avant de mourir,
pour accomplir jusqu'au bout sa mission,
Jésus dit à sa mère, en regardant le disciple bien-aimé :
« Femme, voici ton fils »
et à Jean : « Voici ta mère ».

Quel échange inégal, Jean, au lieu de Jésus !
Un ami de Jésus certes,
mais il n'est pas le Verbe qui s'est fait chair en elle.

Puis Jésus meurt ; c'est l'ultime séparation.
Son corps est déposé sur les genoux de sa mère.
Elle vit le vide et l'angoisse,
son cœur transpercé par un glaive.
Elle vit l'instant présent de ce vide, s'offrant au Père,
dans une confiance totale.
Elle ne peut comprendre ;
c'est la nuit terrible de la foi.
Elle vit la séparation physique de Jésus,
mais par le cœur et la foi,
elle demeure avec lui, dans les larmes.
Elle est notre modèle
lorsque nous vivons des deuils
et Jésus semble absent.

Il y avait un mariage à Cana en Galilée. La mère de Jésus était là. Jésus aussi avait été invité au repas de noces avec ses disciples.
Or, on manqua de vin ; la mère de Jésus lui dit : « Ils n'ont pas de vin. » Jésus lui répondit : « Femme, que me veux-tu ? Mon heure n'est pas encore venue. » Sa mère dit aux serviteurs : « Faites tout ce qu'il vous dira. » Or, il y avait là six cuves de pierre pour les ablutions rituelles des Juifs : chacune contenait environ cent litres. Jésus dit aux serviteurs : « Remplissez d'eau les cuves. » Et ils les remplirent jusqu'au bord. Il leur dit : « Maintenant, puisez, et portez-en au maître du repas. » Ils lui en portèrent. Le maître du repas goûta l'eau changée en vin. Il ne savait pas d'où venait ce vin, mais les serviteurs le savaient, eux qui avaient puisé l'eau. Alors le maître du repas interpelle le marié et lui dit : « Tout le monde sert le bon vin en premier, et, lorsque les gens ont bien bu, on apporte le moins bon. Mais toi, tu as gardé le bon vin jusqu'à maintenant. »
Tel fut le commencement des signes que Jésus accomplit. C'était à Cana en Galilée. Il manifesta sa gloire, et ses disciples crurent en lui.

Évangile selon Jean, 2, 1-11

Les Noces de Cana, miniature d'un Graduel de l'abbaye de Prum, Xᵉ siècle.

La connivence entre Marie et Jésus s'exprime par leur échange de regards et par le parallélisme de leurs mains au-dessus des six jarres. Avec une grande économie de moyens, l'enlumineur a su marquer le rôle déterminant de la mère et l'autorité du fils aux deux doigts levés en signe de commandement.

LES NOCES DE CANA,
Giotto, vers 1306,
Fresque de la chapelle Scrovegni
à l'Arena de Padoue.

Aux noces de Cana

Pouvait-elle ne pas être fière de lui,
qui pour elle embellissait les plus simples choses ?
Même la nuit, si haute et de grandeur comblée,
ne fut-elle en extase lorsqu'il apparut ?

Même de s'être un jour perdu ne tourna-t-il,
incroyablement, à sa gloire ?
Les plus sages n'avaient-ils échangé leurs oreilles
pour la bouche ? Et la maison

ne fut-elle comme neuve au son de sa voix ?
Ah oui plus de cent fois, elle s'était retenue
de laisser rayonner la joie qu'il lui donnait.
Elle le suivait avec étonnement.

Mais lors de ce festin de noces,
quand le vin, par mégarde, vint à manquer, –
elle regarda vers lui et implora un geste,
et ne comprit pas qu'il contredît.

Et ensuite il agit. Elle saisit plus tard
combien elle l'avait poussé sur sa voie :
car il était désormais un vrai faiseur de miracles,
et tout le sacrifice était ordonné

irrévocablement. Oui, c'était écrit.
Mais était-ce déjà prêt à cet instant-là ?
Elle ! elle-même avait avancé l'heure,
dans l'aveuglement de sa vanité.

À la table couverte d'herbes et de fruits
elle prit part à la fête, et ne sentit pas
qu'au fond des yeux, l'eau de ses larmes
s'était changée en sang avec ce vin.

Rainer Maria Rilke, *La Vie de Marie*

Ce n'est plus par un échange de regards qu'est indiquée la communion existant entre la mère et le fils, mais par la similitude de leurs gestes, nuancée d'une gradation subtile : Marie, qui est à l'origine du miracle, lève un doigt ; Jésus, qui l'accomplit, en lève deux.

Flagellation

Les premiers coups commencent à pleuvoir
et tes disciples sont partis s'abriter.
Laisse-moi rester près de toi sous la pluie
dans la maison sans murs où tu donnes audience
à tous les humiliés et les offensés.

Les autres reviendront chercher la chemise
la tête ou le cœur qu'ils ont abandonnés
pour échapper aux coups. Retiens-moi ici
sous la pluie noire du mépris, avec toi
et les sept épées qui gardent mon cœur.

Jean-Pierre Lemaire, *L'Annonciade*

Le Christ aux outrages,
Fra Angelico (vers 1395-1455),
Fresque de la septième cellule du couvent San Marco à Florence.

Fra Angelico a peint de façon inoubliable un Christ bafoué par des persécuteurs dont ne sont dessinés que les mains ou le visage en action, ce qui communique une force symbolique extraordinaire à sa fresque. La Vierge Marie et saint Dominique, figurés au premier plan, méditent douloureusement la scène, qui devient par leur présence une invitation à la prière.

Depuis trois jours elle pleurait

Depuis trois jours elle pleurait.
Depuis trois jours elle errait, elle suivait.
Elle suivait le cortège.
Elle suivait les événements.
Elle suivait comme à un enterrement.
Mais c'était l'enterrement d'un vivant.
D'un vivant encore.
Elle suivait ce qui se passait.
Elle suivait comme si elle avait été du cortège.
De la cérémonie.
Elle suivait comme une suivante.
Comme une servante.
Comme une pleureuse des Romains.
Des enterrements romains.
Comme si ça avait été son métier.
De pleurer.
Elle suivait comme une pauvre femme.
Comme une habituée du cortège.
Comme une suivante du cortège.
Comme une servante.
Déjà comme une habituée.
Elle suivait comme une pauvresse.
Comme une mendiante.
Eux qui n'avaient jamais rien demandé à personne.
À présent elle demandait la charité.
Sans en avoir l'air elle demandait la charité.
Puisque sans en avoir l'air, sans même le savoir
elle demandait la charité de la pitié.
D'une piété.
D'une certaine piété.
Pietas.

Charles Péguy, *Le Mystère de la Charité de Jeanne d'Arc*

Le Portement de croix,
Simone Martini, panneau du polyptyque Orsini, vers 1340, Musée du Louvre à Paris.

Marie suit le cortège. L'échange des regards se fait poignant entre la mère aux mains tendues et le fils qui se retourne vers elle.

Quatrième Station

Ô mères qui avez vu mourir le premier et l'unique enfant,
Rappelez-vous cette nuit, la dernière, auprès du petit être gémissant,
L'eau qu'on essaye de faire boire, la glace, le thermomètre,
Et la mort qui vient peu à peu et qu'on ne peut plus méconnaître.

Mettez-lui ses pauvres souliers, changez-le de linge et de brassière.
Quelqu'un vient qui va me le prendre et le mettre dans la terre.
Adieu, mon bon petit enfant ! adieu, ô chair de ma chair !

La quatrième Station est Marie qui a tout accepté.
Voici au coin de la rue qui attend le Trésor de toute Pauvreté.
Ses yeux n'ont point de pleurs, sa bouche n'a point de salive.
Elle ne dit pas un mot et regarde Jésus qui arrive.
Elle accepte. Elle accepte encore une fois. Le cri
Est sévèrement réprimé dans le cœur fort et strict.
Elle ne dit pas un mot et regarde Jésus-Christ.
La Mère regarde son Fils, l'Église son Rédempteur,
Son âme violemment va vers lui comme le cri du soldat qui meurt !
Elle se tient debout devant Dieu et lui offre son âme à lire.
Il n'y a rien dans son cœur qui refuse ou qui retire.
Pas une fibre en son cœur transpercé qui n'accepte et ne consente.
Et comme Dieu lui-même qui est là, elle est présente.
Elle accepte et regarde ce Fils qu'elle a conçu dans son sein.
Elle ne dit pas un mot et regarde le Saint des Saints.

Paul Claudel, *Le Chemin de la Croix*

LE PORTEMENT DE CROIX,
Fra Angelico
(vers 1395-1455),
Fresque de la cellule 28 du couvent
San Marco à Florence.

Ce Portement réduit à sa plus simple expression est comme la fresque de la page 105 une invitation à s'unir par la prière à la Passion du Christ, à la suite de sa mère Marie et de saint Dominique (fondateur de l'Ordre auquel appartient Fra Angelico).

Au pied de la croix

Or, près de la croix de Jésus se tenait sa mère, avec la sœur de sa mère, Marie femme de Cléophas et Marie Madeleine. Jésus, voyant sa mère, et près d'elle le disciple qu'il aimait, dit à sa mère : « Femme, voici ton fils. » Puis il dit au disciple : « Voici ta mère. » Et à partir de cette heure-là, le disciple la prit chez lui.

Évangile selon Jean 19, 25-27

CRUCIFIXION ET RÉSURRECTION,
Miniature de l'Evangile dit de Rabula, fin du VIe siècle, Bibliothèque Laurentienne de Florence.

Cette très ancienne représentation de la crucifixion de Jésus entre deux larrons, qui illustre plusieurs épisodes rapportés par les Evangiles, se double au registre inférieur d'une évocation de la Résurrection : les saintes Femmes arrivent au tombeau vide (qui occupe la même place centrale que la croix au registre supérieur) et le Ressuscité leur apparaît. Marie, reconnaissable à son auréole, a dans les deux registres une place privilégiée.

ΛΟΓΙΝΟϹ

Au pied de la croix

MARIE AU PIED DE LA CROIX,
Duccio, face postérieure de la Maestà, 1308-1311, Museo dell'Opera del Duomo, Sienne.

Plainte plus grande que toute plainte, douleur plus grande que toute douleur ; le ciel et la terre ont perdu leur Seigneur, moi mon fils et le soleil son éclat (...)
Je ne peux ni le comprendre ni le concevoir : celui qui était venu sauver les hommes, le Créateur du monde et de tous les êtres vivants, on le fait mourir sous mes yeux si honteusement. Dieu ! Quelle douleur mortelle !
Il faut avoir le cœur bien dur pour ne pas pleurer en voyant son Seigneur suspendu en haut d'une croix et pour avoir l'audace de condamner au supplice le Fils de Dieu. Dieu ! Quelle douleur mortelle !
Seigneurs, dames, mon cœur est tout près de se fendre ; je vois mon fils mourir sur la croix, sous mes yeux ; ma douleur est plus grande qu'on ne saurait dire. Si je le pouvais, je mourrais avec lui. Dieu ! Quelle douleur mortelle !

Plaintes de la Vierge, XIVe siècle.

Marie s'affaisse, soutenue en arrière par la femme sur laquelle son corps prend appui, en avant par l'apôtre Jean auquel elle se retient pour ne pas tomber. Le regard plein de compassion que Jean pose sur elle, le croisement de leurs mains expriment la profondeur de la relation qui les unit depuis que Jésus les a confiés l'un à l'autre.

Elle était là debout

Elle était là debout, la Mère douloureuse.
L'obscurité farouche, aveugle, sourde, affreuse,
Pleurait de toutes parts autour du Golgotha.
Christ ! le jour devint noir, quand on Vous en ôta,
Et Votre dernier souffle emporta la lumière ;
Elle était là debout, près du gibet, la Mère !
Et je me dis : Voilà la douleur ! et je vins.
– Qu'avez-vous donc, lui dis-je, entre vos doigts divins ?
Alors, aux pieds du Fils, saignant du coup de lance,
Elle leva sa droite et l'ouvrit en silence,
Et je vis dans sa main l'étoile du matin.

Victor Hugo, *Les Contemplations*

LA CRUCIFIXION,
Grünewald, panneau du retable d'Issenheim, 1512-1516, Musée d'Unterlinden à Colmar.

C'est encore Jean, le regard désolé, qui soutient Marie dans sa douleur. Grünewald peint le drame de cette Crucifixion avec une véhémence qui fait écho aux malheurs de son époque, bouleversée par les guerres et les épidémies.

I·N·R·I
ILLVM OPORTET

Treizième Station

Ici la Passion prend fin et la Compassion continue.
Le Christ n'est plus sur la Croix, il est avec Marie qui l'a reçu :
Comme elle l'accepta, promis, elle le reçoit, consommé.
Le Christ qui a souffert aux yeux de tous de nouveau au sein de sa Mère est caché.
L'Église entre ses bras à jamais prend charge de son bien-aimé.
Ce qui est de Dieu, et ce qui est de la Mère, et ce que l'homme a fait,
Tout cela sous son manteau est avec elle à jamais.
Elle l'a pris, elle voit, elle touche, elle prie, elle pleure, elle admire ;
Elle est le suaire et l'onguent, elle est la sépulture et la myrrhe,
Elle est le prêtre et l'autel et le vase et le Cénacle.
Ici finit la Croix et commence le Tabernacle.

Paul Claudel, *Le Chemin de la Croix*

LA DÉPOSITION DE CROIX,
Pietro Lorenzetti, vers 1320,
fresque de la basilique San Francesco à Assise.

Le corps inerte du Christ est le trait d'union qui lie les acteurs de cette descente de croix. La composition en pyramide permet au peintre d'individualiser avec une grande intensité la manière dont chacun donne libre cours à sa tendresse et à son affliction. Une dernière fois, la mère presse son visage contre celui de son fils.

Je vous salue, Marie

Par le petit garçon qui meurt près de sa mère
tandis que des enfants s'amusent au parterre ;
et par l'oiseau blessé qui ne sait pas comment
son aile tout à coup s'ensanglante et descend,
par la soif et la faim et le délire ardent :
Je vous salue, Marie.

Par les gosses battus par l'ivrogne qui rentre,
par l'âne qui reçoit des coups de pied au ventre,
par l'humiliation de l'innocent châtié,
par la vierge vendue qu'on a déshabillée,
par le fils dont la mère a été insultée :
Je vous salue, Marie.

Par la vieille qui, trébuchant sous trop de poids,
s'écrie : « Mon Dieu ! » Par le malheureux dont les bras
ne purent s'appuyer sur une amour humaine,
comme la Croix du Fils sur Simon de Cyrène ;
par le cheval tombé sous le chariot qu'il traîne :
Je vous salue, Marie.

Par les quatre horizons qui crucifient le Monde,
par tous ceux dont la chair se déchire ou succombe,
par ceux qui sont sans pieds, par ceux qui sont sans mains
et par le juste mis au rang des assassins :
Je vous salue, Marie.

Francis Jammes, *Clairières dans le ciel*

LA DÉPLORATION DU CHRIST,
Giotto, vers 1306,
Fresque de la chapelle Scrovegni à l'Arena de Padoue.

Le corps du Christ est maintenant à terre, entouré par l'amour de tous les siens qui ne peuvent se résoudre à le lâcher. Au cœur de cet océan de douleur, répercutée jusque chez les anges dans le ciel, Marie ne voit plus que son fils et l'étreint de ses deux bras.

Pour toute mère viendra

Pour toute mère viendra tôt ou tard l'heure où, comme Marie, elle s'en ira *dans l'angoisse à la recherche* (Luc 2, 48) de son enfant, viendra l'heure plus lourde encore où elle entendra sa réponse : *Qu'ai-je à faire avec toi ?* (Jean 2, 4)... Aucune solitude n'est comparable à la solitude d'une mère, car l'être aimé qui la quitte n'est pas distinct d'elle ; *le glaive qui transperce son âme* (Luc 2, 35) l'ampute de sa propre chair et la vide de son sang. Ainsi, tôt ou tard, en secret ou au grand jour, toute mère laisse transparaître le visage de la Mère des douleurs, l'image de la Pietà. Le livre du destin désigne de bien des manières cette souffrance des mères : c'est l'enfant qui suit, selon la loi de nature, son propre chemin, c'est l'éloignement tragique des générations, c'est enfin l'enfant perdu sans retour du fait du hasard, de la faute ou de la mort. Mais, en termes religieux, toutes les douleurs des mères ne portent qu'un seul nom : la Croix...

Gertrude von Le Fort, *La Femme éternelle*

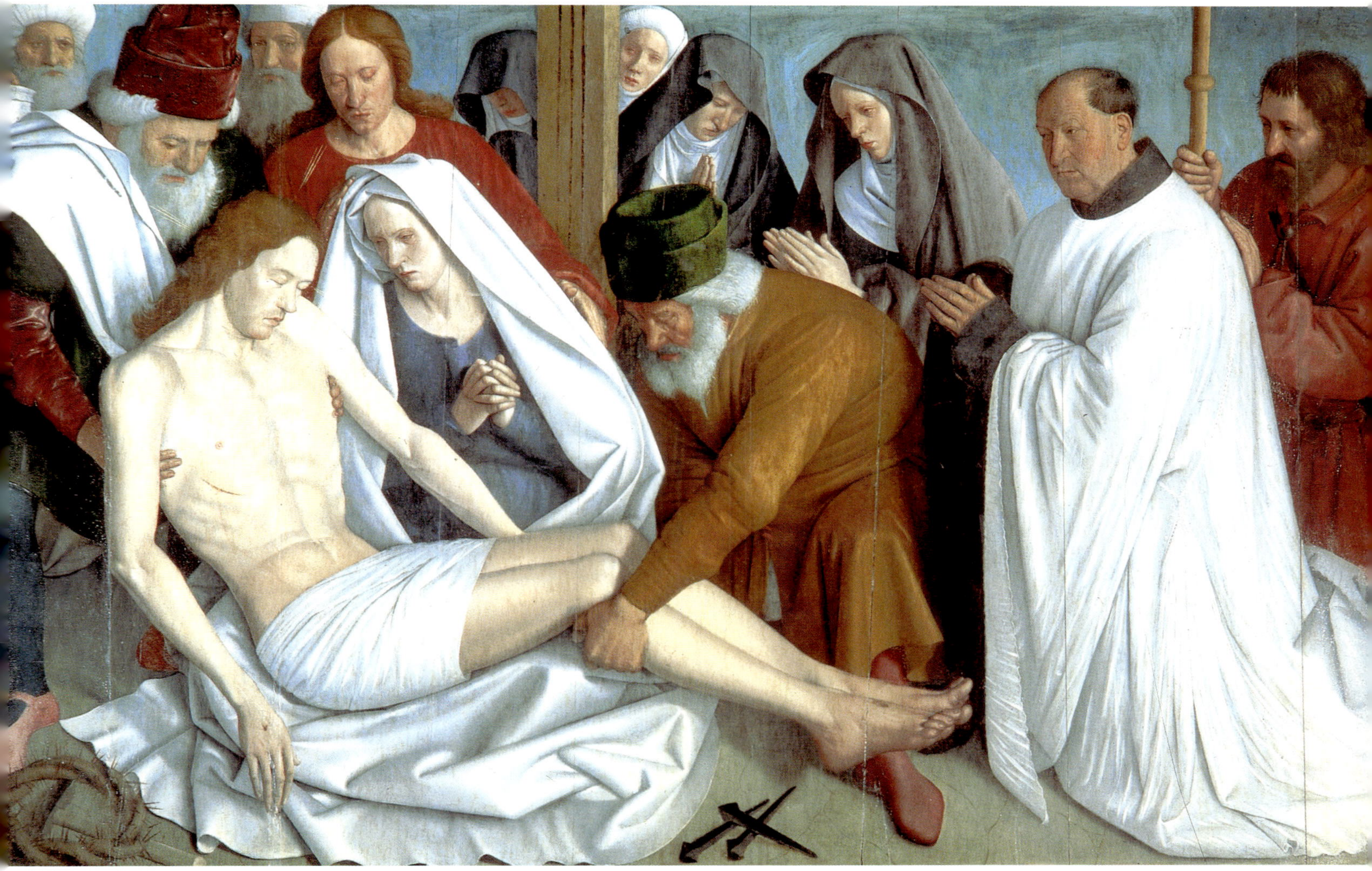

La Pietà,
Jean Fouquet, vers 1475,
Eglise Saint-Martin
à Nouans-les-Fontaines.

Exsangue, Marie, les mains croisées jusqu'à en faire blanchir les jointures, se tient muette auprès du fils qui lui est enlevé. Autour d'elle, les yeux sont baissés, les mains jointes. Seul le silence est à la mesure de cette souffrance indicible.

QVI TRANSITIS PER VIAM ATTENDITE VIDETE

Pietà

Maintenant ma détresse
est à son comble,
et indicible m'emplit.
Je suis glacée comme est glacé
le cœur de la pierre.
Dure comme je suis, je ne sais qu'une chose :
Tu as grandi –
... tu es devenu si grand
que, comme une douleur trop grande,
de toute part tu débordes
la mesure de mon cœur.
Maintenant te voici étendu
en travers de mes genoux,
maintenant je ne puis plus
te donner le jour.

Rainer Maria Rilke, *La Vie de Marie*

La Pietà
de Villeneuve-lès-Avignon,
Enguerrand Quarton, vers 1455,
Musée du Louvre à Paris.

C'est sous l'influence des mystiques que le thème de la Pietà s'est introduit dans l'art : avant que son fils ne soit enseveli, la Vierge le tient une dernière fois sur ses genoux comme elle l'a tenu enfant. La douleur, ici, est profondément intériorisée. Marie, au-delà des larmes, s'enfonce dans le recueillement.

Les larmes de la Mère des Douleurs

Les Larmes de la Mère des Douleurs remplissent l'Écriture et débordent sur tous les siècles. Toutes les mères, toutes les veuves, toutes les vierges qui pleurent n'ajoutent rien à cette effusion surabondante qui suffirait pour laver les cœurs de dix mille mondes désespérés. Tous les blessés, tous les dénués et tous les opprimés, toute cette procession douloureuse qui encombre les atroces chemins de la vie, tiennent à l'aise dans les plis traînants du manteau d'azur de Notre-Dame des Sept Douleurs. Toutes les fois que quelqu'un éclate en pleurs, dans le milieu de la foule ou dans la solitude, c'est elle-même qui pleure, parce que toutes les larmes lui appartiennent en sa qualité d'Impératrice de la Béatitude et de l'Amour. Les Larmes de Marie sont le Sang même de Jésus-Christ, répandu d'une autre manière.

Léon Bloy, *Symbolisme de l'apparition*

La Pietà,
Van Gogh, d'après Delacroix, 1889,
Rijksmuseum Vincent van Gogh,
Amsterdam.

Van Gogh a repris, en l'interprétant de façon très personnelle, une composition inusitée de Delacroix : Marie se tient en arrière du corps du Christ, présenté de face, et le montre en étendant ses mains vides dans un grand geste de détresse.

Reine du ciel, réjouis-toi, alléluia !

Car celui que tu as mérité de porter, alléluia !

Est ressuscité, comme il l'a dit, alléluia !

Prie Dieu pour nous, alléluia !

Xe siècle

LE TEMPS DE LA GLOIRE

Le Samedi saint, Marie est dans l'attente.
Elle attend dans la confiance
que de cet échec à vue humaine
Dieu fera jaillir la vie,
mais c'est le « comment » qu'elle ne sait pas.
Le dimanche de Pâques,
Jésus se révèle à Marie de Magdala.
Il apparaît à ses disciples et leur dit : « Paix à vous ».
Mais de Marie, sa mère bien-aimée, il n'est rien dit.

Jésus se révèle à elle de l'intérieur, d'une façon cachée.
Elle connaît la résurrection
par une nouvelle présence extatique :
le silence de la gloire de Dieu l'enveloppe.
La gloire, c'est la manifestation de Dieu,
manifestation de sa majesté,
de sa puissance,
de sa lumière et de son amour doux et humble.
En ce matin de Pâques,
lorsque son fils se donne à elle d'une façon nouvelle,
Marie est pénétrée de la gloire de Dieu.
A la Pentecôte, les disciples parlent ;
elle accueille l'Esprit Saint, le Paraclet,
dans une contemplation nouvelle,
encore plus amoureuse et silencieuse.

Elle demeure en Dieu et Dieu demeure en elle.
Elle est la demeure de Jésus sur la terre, au cœur de l'Eglise.
Et durant ces années où elle attend le jour de la gloire,
elle vit l'Eglise qui s'étend et l'Eglise en agonie.
Elle vit de l'Eucharistie.
Elle vit de la présence de Jésus en Jean, le disciple bien-aimé,
et dans les petits et les pauvres.
Elle vit la présence de Jésus dans l'Eglise.
Sa mort est un doux sommeil d'où elle se réveille dans la gloire.
Son corps est emporté
pour être à jamais uni au corps glorieux et ressuscité de son fils,
dans la lumière et l'amour de la Trinité.
Elle est avec Jésus, chef-d'œuvre de la création
qui révèle la gloire de Dieu.
Avec Jésus elle est la gloire de Dieu.

Consolation de Marie auprès du Ressuscité

Ce qu'alors ils éprouvèrent, n'est-ce
plus doux que tout mystère
et pourtant encore de cette terre :
quand, un peu pâle encore du tombeau,
il s'approcha d'elle, allégé,
en tout son être ressuscité.
Ô d'elle en premier. Ils se tenaient là,
indiciblement en guérison.
Oui, ils guérissaient. C'était cela.
Ils n'avaient pas même
à se toucher bien fort.
À peine une seconde posa-t-il
sur l'épaule de femme sa main,
éternelle bientôt.
Et tous deux commencèrent
en silence, comme les arbres au printemps,
ensemble infiniment,
cette saison
de leur ultime union.

Rainer Maria Rilke, *La Vie de Marie*

JÉSUS APPARAÎT À SA MÈRE,
Maître de la Sainte Parenté, vers 1480, panneau du retable des Sept joies de la Vierge, Musée du Louvre à Paris.

Le thème a rarement été représenté, les évangiles étant restés muets sur une apparition qui appartient au domaine de l'indicible. Le peintre l'a pourtant tenté en suggérant un sanctuaire qu'environne de toutes parts l'action de grâce des anges.

Mystères glorieux

Par la nuit qui s'en va et nous fait voir encore
L'églantine qui rit sur le cœur de l'aurore ;
Par la cloche pascale à la voix en allée
Et qui, le Samedi saint, à toute volée,
Couvre d'alléluias la bouche des vallées :
Je vous salue, Marie.

Par le gravissement escarpé de l'ermite
Vers les sommets que les perdrix blanches habitent,
Par les troupeaux escaladant l'aube du ciel
Pour ne se nourrir plus que de neige de miel,
Et par l'Ascension du glorieux Soleil :
Je vous salue, Marie.

Par les feux pastoraux qui descendent, la nuit,
Sur le front des coteaux, ces apôtres qui prient ;
Par la flamme qui cuit le souper noir du pauvre ;
Par l'éclair dont l'Esprit allume comme un chaume,
Mais pour l'éternité, le néant de chaque homme :
Je vous salue, Marie.

Francis Jammes, *Clairières dans le ciel*

L'ASCENSION,
Miniature d'un évangéliaire de l'école de Reichenau, XIe siècle, Bibliothèque Laurentienne à Florence.

Deux groupes d'apôtres conduits, l'un par la Vierge Marie, l'autre par l'apôtre Pierre, fixent le ciel dans lequel s'élève le Christ. Tandis qu'une nuée dérobe Jésus à leurs yeux, deux anges vêtus de blanc les incitent à ramener leurs regards sur la terre où leur mission les attend.

Pentecôte

Deux par deux, les amis de mon fils sont partis
derrière l'horizon aux mille collines.
On dirait que la terre azyme a levé
sous leurs pas lointains, qu'elle dore au feu clair
de son premier été. Il y a trente ans
la lumière déjà mûrissait ainsi
quand j'attendais ce fils. Depuis son départ
il grandit autrement dans l'ombre des cœurs
braise respirante, et Celui qui souffle
c'est toujours le Seigneur, sous son troisième nom.
Il nous persuade que rien ne fut vain :
je n'évite plus les soldats dans la rue
ni les anciens badauds honteux du Calvaire ;
il suffit qu'au passage leur regard hésite
quêtant un reproche, une vague indulgence
pour que j'aie envie de les embrasser :
je crois voir mon fils se lever dans leurs yeux.

Jean-Pierre Lemaire, *L'Annonciade*

La Pentecôte,
Pedro Serra, retable du Saint-Esprit, XIVe siècle,
Musée national d'Art catalan de Barcelone.

La présence de Marie à la Pentecôte n'est pas mentionnée dans le récit des Actes des apôtres, mais le peintre a tenu à l'y faire figurer, la situant au cœur de l'assemblée des disciples (où l'on remarque quelques femmes). Comme au jour de l'Annonciation, Marie reçoit l'Esprit Saint et se laisse imprégner par son action. La sérénité de son acceptation contraste avec les gestes de surprise de la plupart des apôtres.

Quand au dernier sommeil

Quand au dernier sommeil la Vierge eût clos les yeux,
Les Anges qui veillaient autour de leur maîtresse
Élevèrent son corps en la gloire des Cieux,
Et les Cieux furent pleins de nouvelle allégresse.

Les plus hauts Séraphins à son avènement
Sortaient au-devant d'elle et lui cédaient la place,
Se sentant tout ravis d'aise et d'étonnement
De pouvoir contempler la splendeur de sa face.

Dessus les Cieux des Cieux elle va paraissant,
Les flambeaux étoilés lui servent de couronne ;
La lune est sous ses pieds en forme de croissant,
Et comme un vêtement le soleil l'environne. (...)

C'est l'Aube du matin qui produit le Soleil,
Tout couvert de rayons et de flammes ardentes,
L'Astre des navigants, le Phare non-pareil
Qui la nuit leur éclaire au milieu des tourmentes.

Étoile de la mer, notre seul réconfort,
Sauve-nous des rochers, du vent et du naufrage :
Aide-nous de tes vœux pour nous conduire au port,
Et nous montre ton Fils sur le bord du rivage.

Jacques Davy du Perron, *Cantique de la Vierge*

La Dormition de Marie,
Mosaïque du XIIe siècle,
Eglise de la Martorana à Palerme (Sicile).

Les yeux clos, Marie repose, entourée d'une foule affligée, et l'apôtre Jean vérifie que la vie l'a bien quittée. Mais le Christ recueille son âme sous les traits d'un nouveau-né emmaillotté que les anges attendent dans le ciel. Ce n'est plus la Mère qui porte son Fils, mais le Fils qui porte la Mère pour une nouvelle naissance à la Vie divine.

Η ΚΟΙΜΗϹΙϹ

Sur la mort de Marie

Le même Archange qui autrefois
lui apporta le message de l'enfantement
était là, attendant qu'elle l'écoutât,
et parla : Maintenant il est temps que tu paraisses.
Elle tressaillit comme autrefois et à nouveau se montra
la Servante, de tout son être elle acquiesça.
Or il rayonnait et, s'approchant infiniment,
disparut comme en son visage... et ordonna
aux Apôtres, qui s'étaient éloignés,
de se retrouver dans la maison de la colline,
la maison de la dernière Cène. Ils vinrent le cœur lourd,
avec crainte ils entrèrent : elle gisait là
sur une couche étroite, plongée dans le mystère
de son déclin et de son élection,
toute pure et comme intacte en son corps,
elle écoutait le chant des anges.

Quand elle les vit tous qui attendaient
derrière leurs cierges, elle se déroba au prodige
des voix et d'un cœur joyeux leur offrit encore
les deux vêtements qu'elle possédait,
elle leva son regard vers l'un, puis vers l'autre...
(ô source d'indicibles ruisseaux de larmes !)

Cependant elle s'abandonnait à sa faiblesse,
et faisait descendre les cieux si près de Jérusalem
que son âme en partance n'eût qu'à s'étirer un peu :
déjà celui qui d'elle savait tout
la recevait en sa nature divine.

Rainer Maria Rilke, *La Vie de Marie*

LA MORT DE LA VIERGE,
Andrea Mantegna (1431- 1506),
Musée du Prado à Madrid.

Mantegna humanise la scène, mais suggère la nouvelle naissance de Marie par la palme que tient l'apôtre Jean et par la grande échappée de ciel et d'eau à l'arrière-plan.

Le Quinze Août

Le Quinze Août marque le comble et le sommet de l'année, la sainte Vierge monte au ciel tenant entre ses bras une gerbe d'or : je veux dire qu'après cette courte séparation, pour elle le corps a été invité à rejoindre l'âme. La création une fois de plus est venue à bout de son fruit suprême, elle a confié à cette messagère les prémices pour une semaille nouvelle de l'espèce eucharistique. (...)

Tout s'est éteint sur la terre, mais quel est là-haut ce petit nuage couleur de feu dans le ciel qui vient de s'allumer comme une écharpe éperdue ? Quelle est cette femme là-haut qui s'élève sur les ailes de la prière ? Ce n'est plus une gerbe qu'elle porte dans ses bras, ce ne sont plus des clefs qu'elle serre contre sa poitrine, c'est notre cœur, c'est une grappe entre ses mains ! Son propre cœur entre ses mains qu'elle serre, c'est cela qui la fait monter ! Alleluia ! Dites ! Quelle est cette colombe de feu là-haut qui a oublié le chemin du retour ? Elle s'éteint...

Paul Claudel, *La Rose et le Rosaire*

L'Assomption,
Le Titien, 1518,
tableau d'autel de l'église Santa Maria Gloriosa dei Frari à Venise.

Portée par les anges, Marie, les bras étendus dans une attitude d'orante, s'élève vers l'accueil de Dieu sous le regard des apôtres qui multiplient les gestes d'étonnement. Les artistes du XVIe siècle ont ainsi tendance à représenter l'Assomption comme une Ascension.

Les sept joies de Marie,
Hans Memling, 1480,
Alte Pinakothek de Munich.

Dans un vaste paysage qui se déploie sur près de deux mètres, Memling a situé vingt-cinq scènes différentes de la vie de Marie, en privilégiant les « sept joies » que le Moyen Âge oppose aux « sept douleurs » de la Vierge. Sans doute ce tableau s'inspire-t-il des Mystères, ces représentations théâtrales qui avaient lieu sur les parvis des cathédrales.

Réjouis-toi, Vierge

Réjouis-toi, Vierge, Mère de Dieu !
Réjouis-toi, notre joie,
Réjouis-toi, notre plus haute espérance,
Réjouis-toi, Vierge des vierges !

Réjouis-toi, Vierge dont les entrailles
Ont fait sortir le Rédempteur,
Réjouis-toi, Mère dont les seins
Ont allaité le Sauveur !

Réjouis-toi, réparatrice de la vie,
Réjouis-toi, pleine de grâce,
Médiatrice des pécheurs,
Réjouis-toi, fille de Sion !

Réjouis-toi, étoile de la mer, port
Du monde qui fait naufrage,
Consolatrice de notre deuil,
Réjouis-toi, salut du peuple !

Toi, fais-nous réjouir avec toi !
Alléluia !

Poème anonyme, fin XVe-XVIe siècle

Salut, Reine, mère de miséricorde,
Notre vie, notre douceur et notre espérance, salut !
Vers toi nous crions, enfants d'Ève en exil,
Vers toi nous soupirons, gémissant et pleurant
dans cette vallée de larmes.
C'est pourquoi, notre avocate,
tourne vers nous tes yeux de miséricorde
Et montre-nous Jésus, le fruit béni de ton ventre,
au terme de cet exil !
Ô clémente, ô pieuse, ô douce Vierge Marie !

Hermanus Contractus, XIe *siècle.*

MARIE ET L'ÉGLISE

Jésus est la Vigne, nous sommes les sarments.
Le sève monte à travers la Vigne et les sarments,
pour donner du fruit.
Et cette Vigne, c'est l'Eglise.
Marie est unie à Jésus, la Vigne, d'une façon unique.
Elle est *dans* la Vigne, avec lui.
Si par nous Jésus donne vie à quelques-uns,
par Marie, il donne vie à tous.
Toute vie, toute grâce passe par elle,

mais c'est Jésus qui donne vie par elle
comme il la donne par nous.
Jésus donne vie en passant par d'autres.
C'est la joie et l'humilité du don de Dieu.

Marie est mère, mère du Verbe incarné,
mère de son corps de chair et de son corps mystique,
mère de l'Eglise.
Elle aime tous les enfants du Père ;

ils sont aussi ses enfants,
les frères et les sœurs de son fils.
Elle est proche de tous les crucifiés de la terre
pour les porter, les consoler, les aimer, leur donner force.
Elle aime avec son amour de mère,
de sœur, d'amie, d'épouse, de fille.
Elle veille sur nous avec Jésus
qui l'a donnée au disciple bien-aimé et à chacun de nous :
« Voici ta mère ».

Souvenez-vous

Souvenez-vous, ô très miséricordieuse Vierge Marie, qu'on n'a jamais entendu dire qu'aucun de ceux qui ont eu recours à votre protection, imploré votre assistance, réclamé votre secours, ait été abandonné. Animé d'une pareille confiance, ô Vierge des vierges, ô ma Mère, je cours vers vous et, gémissant sous le poids de mes péchés, je me prosterne à vos pieds. Ô Mère du Verbe, ne méprisez pas mes prières, mais accueillez-les favorablement et daignez les exaucer. Ainsi soit-il.

Prière du XVe siècle,
fixant une tradition beaucoup plus ancienne

La Vierge de miséricorde,
Simone Martini (vers 1284-1344),
Pinacothèque Nationale de Sienne.

Au Moyen Âge le voile qui enveloppait la tête et les épaules des Vierges byzantines s'est transformé en un grand manteau où les fidèles de tous âges et de toutes conditions viennent chercher protection dans les angoisses et les détresses de leurs vies. La mère de Jésus est de plus en plus invoquée comme la mère des hommes.

Si se lèvent les vents

Ô qui que tu sois, qui te vois, dans les fluctuations de ce monde, balloté au milieu des bourrasques et des tempêtes plutôt que marchant sur la terre ferme, ne détourne pas les yeux de l'éclat de cet astre si tu ne veux pas être submergé par les flots.
Si se lèvent les vents de la tentation, si tu cours aux écueils des épreuves, regarde l'étoile, appelle Marie.
Si tu es secoué par les vagues de l'orgueil, ou de l'ambition, ou de la détraction, ou de la jalousie, regarde l'étoile, appelle Marie.
Si la colère, ou l'avarice, ou les attraits de la chair ébranlent la nacelle de ton âme, regarde vers Marie.
Si, troublé par l'énormité de tes fautes, accablé par la souillure de ta conscience, épouvanté par l'horreur du jugement, tu commences à sombrer dans le gouffre de la tristesse, dans l'abîme du désespoir, pense à Marie.
Dans les dangers, les angoisses, les doutes, pense à Marie, invoque Marie. Qu'elle ne quitte pas ta bouche, qu'elle ne quitte pas ton cœur. Et, pour obtenir le secours de ses prières, ne t'écarte pas de l'exemple de sa vie.
En la suivant, impossible de t'égarer ; en la priant, de te décourager ; en pensant à elle, d'errer. Ta main dans la sienne, pas de chute ; sous sa protection, pas de crainte ; sous sa conduite, pas de fatigue ; avec son appui, tu touches au but.
Et ainsi tu éprouves par toi-même à quel juste titre il a été dit : « Et le nom de la Vierge était Marie. »

Saint Bernard, *À la louange de la Vierge Marie*

La Vierge de miséricorde,
Parri Spinelli (1387-1453),
Musée médiéval et moderne d'Arezzo.

Ce ne sont plus les mains de la Vierge qui soulèvent le manteau pour en faire un abri de miséricorde, mais les anges qui l'étendent comme un dais rassurant au-dessus des fidèles en prière.

Ballade pour prier Notre Dame

Dame des cieux, régente terrienne,
Emperière des infernaux palus,
Recevez-moi, votre humble chrétienne,
Que comprise sois entre vos élus,
Ce nonobstant qu'oncques rien ne valus.
Les biens de vous, ma Dame et ma Maîtresse,
Sont trop plus grands que ne suis pécheresse,
Sans lesquels bien âme ne peut mérir
N'avoir les cieux ; je n'en suis jangleresse :
En cette foi je veux vivre et mourir.

À votre Fils dites que je suis sienne ;
De lui soient mes péchés abolis ;
Pardonne-moi comme à l'Égyptienne,
Ou comme il fit au clerc Théophilus,
Lequel par vous fut quitte et absolus,
Combien qu'il eût au diable fait promesse.
Préservez-moi que fasse jamais ce,
Vierge portant, sans péché ni faillir,
Le Sacrement qu'on célèbre à la messe :
En cette foi je veux vivre et mourir.

Femme je suis pauvrette et ancienne,
Qui rien ne sais ; oncques lettre ne lus.
Au moustier vois, dont suis paroissienne,
Paradis peint, où sont harpes et luths,
Et un enfer où damnés sont boullus :
L'un me fait peur, l'autre joie et liesse ;
La joie avoir me fais, haute Déesse,
À qui pécheurs doivent tous recourir,
Comblés de foi, sans feinte ni paresse :
En cette foi je veux vivre et mourir.

Vous portâtes, douce Vierge, princesse,
Jésus régnant, qui n'a ni fin ni cesse :
Le Tout-Puissant, prenant notre faiblesse,
Laissa les cieux et nous vint secourir,
Offrit à mort sa très chère jeunesse ;
Notre Seigneur tel est, tel le confesse :
En cette foi je veux vivre et mourir.

François Villon

La Vierge de miséricorde,
Cola da Roma dit Cola de Orte,
vers 1500,
Musée diocésain de Orte.

Les anges qui couronnent la Vierge au manteau exaltent ainsi son rôle de mère des hommes.

Je ne puis plus compter

Je ne puis plus compter les chutes de mon cœur ;
La charité se fane aux doigts de la langueur ;
L'ennemi m'investit d'un fossé d'eau dormante ;
Un parti de mon être a peur et parlemente ;
Il me faut à tout prix un secours prompt et fort.
Ce fort secours, c'est vous, maîtresse de la mort
Et reine de la vie, ô Vierge immaculée,
Qui tendez vers Jésus la Face constellée,
Pour lui montrer le Sein de toutes les douleurs,
Et tendez vers nos pas, vers nos ris, vers nos pleurs,
Et vers nos vanités douloureuses les paumes
Lumineuses, les Mains répandeuses de baumes.

Marie, ayez pitié de moi qui ne vaux rien,
Dans le chaste combat du sage et du chrétien ;
Priez pour mon courage et pour qu'il persévère,
Pour de la patience, en cette longue guerre,
À supporter le froid et le chaud des saisons ;
Écartez le fléau des mauvaises raisons ;
Rendez-moi simple et fort, inaccessible aux larmes,
Indomptable à la peur ; mettez-moi sous les armes,
Que j'écrase, puisqu'il le faut, et broie enfin
Tous les vains appétits, et la soif et la faim,
Et l'amour sensuel, cette chose cruelle,
Et la haine encor plus cruelle et sensuelle ;
Faites-moi le soldat rapide de vos vœux.
Que pour vous obéir soit le rien que je peux,
Que ce que vous voulez soit tout ce que je puisse !

Paul Verlaine, *Amour*

LA FÊTE DU ROSAIRE,
Albrecht Dürer, 1506,
Galerie Narodni de Prague.

Dürer a répandu à profusion dans ce tableau les couronnes ou « chapels » de roses qui symbolisent les chapelets du rosaire, forme de prière popularisée en particulier par saint Dominique (peint à côté de la Vierge Marie).

Et moi, j'ai dit

Et moi, j'ai dit vers le milieu de mes jours : j'irai à Marie pour qu'elle me réconcilie avec le Christ.
Je l'en ai priée le reste de mes ans, dans l'amertume de mon âme.
Ma vie m'a été arrachée, car mon père et ma mère, tout m'a abandonné de ce monde : mais Marie m'a accueilli.
J'espérais en elle le matin, le soir et dans chaque midi ; comme un lion, elle a écrasé tous les os de mes péchés.
Et toi, Dame, tu as emporté mon âme, que j'échappe à la mort, et de la main du chien tu as sauvé ma tunique.
Fais que je sois sauf, ô Dame : je chanterai ta louange chaque jour de ma vie, ô Sainte Mère de mon Seigneur !

Saint Bonaventure, *Psautier de la bienheureuse Vierge Marie*

LE JUGEMENT DERNIER,
Roger van der Weyden, 1443-1451,
retable de l'Hôtel-Dieu de Beaune.

Au-dessus de l'ange du jugement, le Christ glorieux siège sur un arc-en-ciel, aux deux extrémités duquel se trouvent Marie et Jean-Baptiste. Derrière eux, dans la lumière d'or du paradis, sont rassemblés les apôtres et les saints. Au bas du retable, les ressuscités « germent » de terre. Le visage de Marie est empreint d'une admirable confiance en l'amour du Sauveur.

Heureusement que les saints

Heureusement que les saints ne sont point jaloux les uns des autres.
Il ne faudrait plus que ça.
Ça serait un peu fort.
Et ensemble heureusement qu'ils ne sont point jaloux de la Sainte Vierge.
C'est même ce que l'on nomme la communion des saints.
Ils savent bien quelle elle est et qu'autant l'enfant l'emporte sur l'homme en pureté.
Autant et septante fois autant elle l'emporte sur eux en pureté.

Autant l'enfant l'emporte sur l'homme en jeunesse.
Autant et septante fois autant elle l'emporte sur les saints (sur les plus grands saints mêmes), en jeunesse et en enfance.

Autant l'enfant l'emporte sur l'homme en espérance.
Autant et septante fois autant elle l'emporte sur les saints (sur les plus grands saints mêmes), en foi, en charité, en ESPÉRANCE.

Charles Péguy, *Le Porche du Mystère de la Deuxième Vertu*

LA VIERGE ENTOURÉE DE SAINTS,
Piero di Cosimo, vers 1500,
Galerie des Offices à Florence.

La colombe de l'Esprit au-dessus de la Vierge, l'Annonciation sur le piédestal rappellent que Marie est « pleine de grâce ». Autour d'elle, sainte Marguerite, saint Jean l'apôtre, saint Philippe, religieux servite, à gauche, et sainte Catherine, saint Pierre l'apôtre, saint Antonin, archevêque de Florence, à droite, lui rendent hommage.

HEC · EST · ILLA · DEQVA · SACRA · CANVNT · EVLOGIA · SOLE · AMICTA
LVNAM · HABENS · SVB · PEDIBZ · STELIS · MERVIT · CORONARI · DVODENIS

Une telle douceur

Pour qu'un sermon sur la Sainte Vierge me plaise et me fasse du bien, il faut que je voie sa vie réelle, pas sa vie supposée ; et je suis sûre que sa vie réelle devait être toute simple. On la montre inabordable, il faudrait la montrer imitable, faire ressortir ses vertus, dire qu'elle vivait de foi, comme nous, en donner des preuves par l'Évangile où nous lisons : « Ils ne comprirent pas ce qu'il leur disait. » Et cette autre, non moins mystérieuse : « Ses parents étaient dans l'admiration de ce qu'on disait de lui. » Cette admiration suppose un certain étonnement, ne trouvez-vous pas (...) ?
On sait bien que la Sainte Vierge est la Reine du Ciel et de la terre, mais elle est plus Mère que reine, et il ne faut pas dire à cause de ses prérogatives qu'elle éclipse la gloire de tous les saints, comme le soleil à son lever fait disparaître les étoiles. Mon Dieu ! que cela est étrange ! Une Mère qui fait disparaître la gloire de ses enfants ! Moi je pense tout le contraire, je crois qu'elle augmentera de beaucoup la splendeur des élus.
C'est bien de parler de ses prérogatives, mais il ne faut pas dire que cela, et si dans un sermon, on est obligé du commencement à la fin de s'exclamer et de faire « Ah ! ah ! » on en a assez. Qui sait si quelque âme n'irait pas même jusqu'à sentir alors un certain éloignement pour une créature tellement supérieure et ne se dirait pas : « Si c'est cela, autant aller briller comme on pourra dans un petit coin ! »
Ce que la Sainte Vierge a de plus que nous, c'est qu'elle ne pouvait pas pécher, qu'elle était exempte de la tache originelle, mais d'autre part, elle a eu bien moins de chance que nous, puisqu'elle n'a pas eu de Sainte Vierge à aimer ; et c'est une telle douceur de plus pour nous, et une telle douceur de moins pour elle !

Sainte Thérèse de l'Enfant Jésus, *Derniers entretiens*

LE COURONNEMENT DE LA VIERGE,
Maître de Moulins, 1498-1501,
Cathédrale de Moulins.

Sur le panneau central du Triptyque de la Vierge en gloire, Marie est couronnée en tant que Mère, et les anges autour d'elle laissent transparaître leur joie.

LE COURONNEMENT DE LA VIERGE,
Ricardo Quartararo,
vers 1495,
Galerie Régionale
de Sicile à Palerme.

Sous le regard du Père, sous celui des anges et des saints, le Christ lui-même couronne sa Mère, dans une atmosphère d'intense recueillement.

Réjouis-toi, Marie

Réjouis-toi, Marie, Mère de Dieu
Trésor vénérable du monde entier
Lumière jamais éteinte (...)
Temple jamais détruit qui contient l'Incontenable,
Mère et Vierge...
Par toi, la Trinité est sanctifiée.
Par toi, la Croix est vénérée dans le monde entier,
Par toi, le Ciel est dans l'allégresse,
Par toi, les anges et les archanges se réjouissent,
Par toi, les démons sont chassés,
Par toi, le diable tentateur est précipité du ciel,
Par toi, la créature déchue est élevée au ciel,
Par toi, le monde entier, possédé par l'idolâtrie,
est parvenu à la connaissance de la vérité,
Par toi, le saint baptême advient à ceux qui croient,
Par toi, l'huile de joie,
Par toi, les Églises ont été fondées dans le monde entier,
Par toi, les peuples sont conduits à la conversion.

Texte de louange du Ve siècle, attribué à *saint Cyrille d'Alexandrie*

Marie Immaculée

Marie Immaculée,
Simplement une femme, mais
Dont la présence, puissance est
Plus grande que fut jamais
Élevée, rêvée, déesse ;
Qui eut cette œuvre unique à faire :
Laisser passer la gloire
De Dieu, toute gloire de Dieu
À travers elle, et hors d'elle
Loin, et par nulle autre voie.
Je dis que nous sommes pris
Dans les replis d'une merci
Pareille à l'air : telle est Marie,
Mais son nom dit plus encore.
Libre toile, robe-à-ravir,
Elle vêt le globe blessé,
Dieu laissant à ses prières
De dispenser sa providence :
Plutôt que dame aumônière
Elle est la douce aumône même ;
Nous devons à sa vie unir
Notre vie, comme la vie et l'air.

Gérard Manley Hopkins,
La Sainte Vierge comparée à l'air que nous respirons

Le Couronnement de la Vierge,
Enguerrand Quarton, 1453-54,
Musée de l'Hospice à Villeneuve-lès-Avignon.

Le jour de l'Annonciation l'Esprit Saint couvrait Marie de son ombre. Elle se trouve maintenant revêtue de la splendeur trinitaire, couronnée par Dieu Père, Fils et Esprit, en une vision inoubliable où sa personne ne représente plus seulement elle-même, mais l'humanité entière appelée à la joie de la vie divine.

Textes cités

Textes bibliques
Évangile selon Matthieu 2,1-12, *page 75*.
Évangile selon Matthieu 2, 13-15, *page 85*.
Évangile selon Luc 1, 26-38, *page 45*.
Évangile selon Luc 1, 39-45, *page 50*.
Évangile selon Luc 2, 1-5, *page 56*.
Évangile selon Luc 2, 6-7, *page 62*.
Évangile selon Luc 2, 8-20, *page 71*.
Évangile selon Luc 2, 22-32, *page 78*.
Évangile selon Luc 2, 41-52, *page 94*.
Évangile selon Jean 2, 1-11, *page 100*.
Évangile selon Jean 19, 25-27, *page 110*.

Évangiles apocryphes
Protévangile de Jacques 7, 2, IIe siècle, *Écrits apocryphes chrétiens*, Paris, Gallimard, La Pléiade, 1997, *page 40*.
Évangile du Pseudo-Matthieu 3, 1-2 et 4, VIe siècle, *id.*, *page 34*.
Évangile du Pseudo-Matthieu 20, 1-2, VIe siècle, *id.*, *page 90*.

Hymnes liturgiques
« Sous l'abri de ta miséricorde »*(Sub tuum praesidium)*, prière remontant probablement au IIIe siècle, *page 14*.
« Salut, étoile de la mer » *(Ave maris stella)*, VIIe – IXe siècle, *page 30*.
« Salut, Reine des cieux » *(Ave regina caelorum)*, prière remontant au Xe ou XIe siècle, *page 58*.
« Reine du ciel, réjouis-toi » *(Regina coeli, laetare)*, Xe siècle, *page 126*.
« Salut, Reine, mère de miséricorde », *(Salve regina)*, Hermanus Contractus, XIe siècle, *page 144*.

Textes anonymes
« Réjouis-toi, Marie, Mère de Dieu », homélie contre Nestorius prononcée à l'église Sainte-Marie, Ve siècle, *page 146*.
« Plaintes de la Vierge », XIVe siècle, *page 112*.
« Souvenez-vous », XVe siècle, *page 149*.
« Réjouis-toi, Vierge, Mère de Dieu », fin XVe - XVIe siècle, *page 143*.

Georges Bernanos,
Journal d'un curé de campagne, Paris, Plon, 1936, *pages 24, 36*.

Saint Bernard de Clairvaux,
« Sermon II », *À la louange de la Vierge Marie*, XIIe siècle, Patrologie latine, Paris, Éditions Migne, 1857-1884, *page 150*.

Pierre de Bérulle,
« Le Silence de la Vierge », *Œuvres de piété*, XVIIe siècle, Éditions Migne, 1856, *page 22*.
« Sermon sur la fête des Rois », *Œuvres de piété*, XVIIe siècle, Éditions Migne, 1856, *page 76*.

Léon Bloy,
« Les Larmes de la Mère des Douleurs », *Symbolisme de l'apparition*, dans *Œuvres*, Paris, Mercure de France, 1925, *page 124*.

Saint Bonaventure,
« Et moi, j'ai dit », *Psautier de la bienheureuse Vierge Marie*, XIIIe siècle, *page 156*.

Paul Claudel,
L'Épée et le miroir, Paris, Gallimard, 1963, *page 26*.
« Chemin de croix, Quatrième station », 1911, *Bréviaire poétique*, Paris, Poésie/Gallimard, 1962, *page 109*.
« Chemin de croix, Treizième station », 1911, *id.*, *page 116*.
« Le Quinze Août », *id.*, *page 140*.

Dante,
La Divine Comédie, 3, Le Paradis, Chant 33, début du XIVe siècle, *page 21*.

Jacques Davy du Perron,
« Cantique de la Vierge », *Diverses œuvres*, 1622, *page 136*.

Pierre Emmanuel,
« Adoration des bergers », *Évangéliaire*, Paris, Le Seuil, 1961, *page 72*.

Saint Éphrem,
Hymne sur la Nativité, IVe siècle, CSCO (*Corpus scriptorum christianorum orientalium*), 186, Louvain, 1959, *pages 18, 82*.

Victor Hugo,
Les Contemplations, 1855, Paris, Poésie/Gallimard, *page 114*.

Jacopone da Todi,
« Debout, la Mère des douleurs » (*Stabat Mater dolorosa*), XIIIe siècle, *page 96*.
« La Mère se tenait, toute belle » (*Stabat Mater speciosa*), XIIIe siècle, *page 64*.

Francis Jammes,
« Je vous salue Marie », *Clairières dans le ciel*, Mercure de France, 1906, *page 119*.
« Mystères glorieux », *Clairières dans le ciel*, Mercure de France, 1906, *page 132*.

Nicolas Le Digne,
« *Sicut rosa* », *La Couronne de la Vierge Marie*, 1610, *page 42*.

Gertrude von Le Fort,
La femme éternelle, *page 120*.

Jean-Pierre Lemaire,
« Présentation au Temple », *L'Annonciade*, Paris, Gallimard, 1999, *page 81*.
« Flagellation », *id.*, *page 104*.
« Pentecôte », *id.*, *page 135*.

Alain Lerbret,
« Magnificat », *Sources, poèmes évangéliques*, Paris, Éditions du Chalet, 1974, *page 55*.

Gérard Manley Hopkins,
« La Sainte Vierge comparée à l'air que nous respirons », *Grandeur de Dieu*, traduction de Jean Mambrino, Caen, Éditions NOUS, 1999, *pages 28, 164*.

François Mauriac,
Vie de Jésus, Paris, Flammarion, 1936, *page 92*.

Marie Noël,
« Annonciation », *Le Rosaire des joies*, 1930, Paris, Poésie/Gallimard, 1983, *page 46*.
« Berceuse de la Mère-Dieu », *id.*, *page 66*.

Charles Péguy,
Le Mystère de la charité de Jeanne d'Arc, Paris, Gallimard, 1910, *page 106*.
Le Porche du mystère de la deuxième vertu, Paris, Gallimard, 1911, *page 158*.

Rainer Maria Rilke,
« Naissance de Marie », *La Vie de Marie*, traduction de J. Cussat-Blanc, Paris, Éditions Marcel Boin, 1949, *page 38*.
« Visitation », *La Vie de Marie*, traduction de Claire Lucques, Paris, Éditions Arfuyen, 1992, *page 52*.
« Aux noces de Cana », *La Vie de Marie*, traduction de Claire Lucques, *id.*, *page 103*.
« Pietà », *La Vie de Marie*, traduction de Claire Lucques, *id.*, *page 123*.
« Consolation de Marie auprès du Ressuscité », *La Vie de Marie*, traduction de Claire Lucques, *id.*, *page 130*.
« Sur la mort de Marie », *La Vie de Marie*, traduction de Claire Lucques, *id.*, *page 139*.

Albert Samain,
« Le repos en Égypte », *Le Chariot d'or*, 1901, *page 88*.

Sainte Thérèse de l'Enfant Jésus,
Derniers entretiens, Paris, Le Cerf, 1971, *page 161*.

Jean-Paul Sartre,
« Bariona », Jeu de Noël, 1941, *Les écrits de Sartre*, Paris, Gallimard, 1976, *page 69*.

Pierre Teilhard de Chardin,
Le Milieu divin, Paris, Le Seuil, 1957, *page 48*.

Paul Verlaine,
« Angelus de Midi », *Amour*, 1873, *Œuvres poétiques complètes*, Paris, Gallimard, 1962, *page 154*.

François Villon,
Ballade pour prier Notre Dame, XVe siècle, *page 152*.

Alain Vircondelet,
La Vie, la vie, Paris, Albin Michel, 1985, *page 86*.

Peintures reproduites

Peintures anonymes

La Vierge de Tendresse, icône provenant de Bielozersk (Russie septentrionale), première moitié du XIIIe siècle, Galerie Tretiakov de Moscou.
Photos Scala, *pages 15, 19.*

La Vierge du Signe, icône provenant du monastère de la Transfiguration à Iaroslav, vers 1224, Galerie Tretiakov de Moscou.
Photo Scala, *page 20.*

Le Concert des anges, peinture d'un maître flamand du XVIe siècle, Musée des Beaux-Arts de Bilbao (Espagne).
Photos Dagli Orti, *pages 28, 29.*

La Visitation, peinture d'un maître castillan du XVe siècle, Musée Lazaro Galdiano à Madrid.
Photos Dagli Orti, *pages 6, 7, 52, 53.*

La Visitation, peinture d'un maître hongrois vers 1480, Galerie d'Art Hongrois de Budapest.
Photos Dagli Orti, *pages 54, 55.*

La Nativité, mosaïque du XIIe siècle, Église de la Martorana à Palerme (Sicile).
Photo Dagli Orti, *page 63.*

La Présentation de Jésus au Temple, enluminure romane de l'école d'Echternach, XIe ou XIIe siècle, Bibliothèque Querini de Brescia.
Photo A. Held/Artephot, *page 79.*

Les Noces de Cana, miniature d'un Graduel de l'abbaye de Prum, Xe siècle.
Photo BNF, *page 101.*

Crucifixion et Résurrection, miniature de l'Evangile dit de Rabula, fin du VIe siècle, Bibliothèque Laurentienne de Florence. Photo Scala, *page 111.*

L'Ascension, miniature d'un évangéliaire de l'école de Reichenau, XIe siècle, Bibliothèque Laurentienne à Florence.
Photos A. Held/Artephot, *pages 132, 133.*

La Dormition de Marie, mosaïque du XIIe siècle, Église de la Martorana à Palerme (Sicile).
Photos Dagli Orti, *pages 136, 137.*

Giovanni Bellini (1430-1516),
La Présentation de Jésus au Temple, Bibliothèque Querini Stampalia à Venise.
Photos Scala, *pages 80, 81.*

Sandro Botticelli (1445-1510),
La Vierge à l'Enfant, Galerie de l'Académie à Florence.
Photos Scala, *couverture et page 23.*

Melchior Broederlam,
La Fuite en Égypte, détail du retable Champmol, 1397, Musée des Beaux-Arts de Dijon.
Photo Dagli Orti, *page 87.*

Pieter Bruegel l'Ancien,
Le Dénombrement de Bethléem, 1566, Bruxelles, Musées Royaux des Beaux-Arts de Belgique.
Photos Scala, *pages 56, 57.*

Caravage,
L'Adoration des bergers, 1609, Musée régional de Messine.
Photos Dagli Orti, *pages 72, 73.*

Cola da Roma dit Cola de Orte,
La Vierge de miséricorde, vers 1500, Musée diocésain de Orte.
Photos Dagli Orti, *pages 152, 153.*

Jean Colombe,
Le Repos pendant la fuite en Égypte, enluminure des

Très Riches Heures du duc de Berry, XVe siècle, Musée Condé à Chantilly.
Photo Scala, *page 91*.

Piero di Cosimo,
La Vierge entourée de saints, vers 1500, Galerie des Offices à Florence.
Photos Dagli Orti, *pages 8, 9, 159*.

Gérard David (vers 1460-1523),
La Généalogie de la Vierge, Musée des Beaux-Arts de Lyon.
Photo Dagli Orti, *page 4*.

Duccio,
Jésus retrouvé au Temple, prédelle de la Maestà, 1308-1311, Museo dell'Opera del Duomo, à Sienne.
Photo Scala, *page 95*.
Marie au pied de la croix, face postérieure de la Maestà, 1308-1311, Museo dell'Opera del Duomo, Sienne.
Photos Scala, *pages 112, 113*.

Albrecht Dürer,
La Fête du Rosaire, 1506, Galerie Narodni de Prague.
Photos Scala, *pages 154, 155*.

Jean Fouquet,
La Pietà, vers 1475, Eglise Saint-Martin à Nouans-les-Fontaines.
Photo Dagli Orti, *page 121*.

Fra Angelico (vers 1395-1455),
L'Annonciation, fresque de la troisième cellule du couvent San Marco à Florence.
Photo Scala, *page 44*.
Le Christ aux outrages, fresque de la septième cellule du couvent San Marco à Florence.
Photos Dagli Orti, *pages 104, 105*.
Le Portement de croix, fresque de la cellule 28 du couvent San Marco à Florence.
Photo Scala, *page 108*.

Bartolo di Fredi (1353-1410),
Le Mariage de la Vierge, Pinacothèque nationale de Sienne.
Photo Dagli Orti, *page 43*.

Orazio Gentileschi,
Le Repos pendant la fuite en Égypte, vers 1626, Musée du Louvre à Paris.
Photos Scala, *pages 88, 89*.

Giotto,
La Visitation, vers 1306, fresque de la chapelle Scrovegni à l'Arena de Padoue.
Photos Scala, *pages 50, 51*.
Les Noces de Cana, vers 1306, fresque de la chapelle Scrovegni à l'Arena de Padoue.
Photos Scala, *pages 102, 103*.
La Déploration du Christ, vers 1306, fresque de la chapelle Scrovegni à l'Arena de Padoue.
Photos Scala, *pages 118, 119*.

Matthias Grünewald,
La Crucifixion, panneau du retable d'Issenheim, 1512-1516, Musée d'Unterlinden à Colmar.
Photos Scala, *pages 114, 115*.

Le Greco,
La Vierge au bon lait, vers 1595, Hôpital San Juan Bautista de Tolède.
Photos Scala, *pages 59, 82, 83*.

Le Titien,
La Présentation de Marie au Temple, 1534-1538, Galleria dell'Accademia à Venise.
Photos Scala, *pages 10, 40, 41*.
L'Assomption, 1518, tableau d'autel de l'église Santa Maria Gloriosa dei Frari à Venise.
Photo Dagli Orti, *page 141*.

Josse Lieferinxe, dit le Maître de Saint-Sébastien (vers 1472-vers 1508),
L'Annonciation, Musée du Petit Palais d'Avignon.
Photos Dagli Orti, *pages 48, 49*.

Stephan Lochner,
La Vierge aux roses, vers 1440, Wallraf-Richartz Museum à Cologne.
Photo Scala, *page 25*.

Pietro Lorenzetti,
La Déposition de croix, vers 1320, fresque de la basilique San Francesco à Assise.
Photos Dagli Orti, *pages 116, 117*.

Maître de l'Observance,
La Nativité de la Vierge, vers 1436, Musée de la collégiale de Sant'Agata à Asciano, près de Sienne
Photos Dagli Orti, *pages 38, 39*.

Maître de la Sainte Parenté,
Jésus apparaît à sa Mère, vers 1480, Musée du Louvre à Paris.
Photos Dagli Orti, *pages 130, 131*.

Maître de la Vie de Marie (actif à Cologne entre 1450 et 1480),
La Rencontre à la Porte Dorée, Alte Pinakothek de Munich.
Photos Scala, *pages 12, 13, 34, 35*.

Maître de Moulins (1498-1501),
La Nativité, vers 1480, Musée Rolin à Autun.
Photos Dagli Orti, *pages 68, 69*.
Le Couronnement de la Vierge, 1498-1501, Cathédrale de Moulins.
Photos Dagli Orti, *pages 145, 160*.

Maître Francke,
La Nativité, panneau de retable, vers 1424, Kunsthalle de Hambourg.
Photos Bridgeman-Giraudon, *pages 64, 65*.

Andrea Mantegna (1431-1506),
La mort de la Vierge, Musée du Prado, à Madrid.
Photo Dagli Orti, *page 138*.

Simone Martini,
Le Portement de croix, panneau du polyptyque Orsini, vers 1340, Musée du Louvre à Paris.
Photos Scala, *pages 106, 107*.
La Vierge de miséricorde, vers 1284-1344, Pinacothèque Nationale de Sienne.
Photo Scala, *page 148*.

Hans Memling,
Les Sept joies de Marie, 1480, Alte Pinakothek de Munich.
Photos Scala, *pages 11, 142, 143*.

Lorenzo Monaco,
L'Adoration des mages, 1420-22, Galerie des Offices à Florence.
Photos Dagli Orti, *pages 74, 75*.

Bartolomé Estebàn Murillo,
L'Immaculée Conception, 1678, Musée du Prado à Madrid.
Photo Dagli Orti, *page 37*.

Ricardo Quartararo,
Le Couronnement de la Vierge, vers 1495, Galerie Régionale de Sicile à Palerme.
Photos Dagli Orti, *pages 162, 163*.

Enguerrand Quarton,
La Pietà de Villeneuve-lès-Avignon, vers 1455, Musée du Louvre à Paris.
Photos Dagli Orti, *pages 97, 122, 123*.
Le Couronnement de la Vierge, 1453-54, Musée de l'Hospice à Villeneuve-lès-Avignon.
Photos Dagli Orti, *pages 164, 165*.

Odilon Redon (1840-1916),
La Fuite en Egypte, Musée d'Orsay à Paris.
Photos Scala, *pages 84, 85.*

Pedro Serra,
La Pentecôte, retable du Saint-Esprit, XIVe siècle, Musée national d'Art catalan de Barcelone.
Photos Scala, *pages 127, 134.*

Parri Spinelli (1387-1453),
La Vierge de miséricorde, Musée médiéval et moderne d'Arezzo.
Photo Scala, *page 151.*

Hugo van der Goes,
L'Adoration des bergers, triptyque Portinari, vers 1475, Galerie des Offices à Florence.
Photos Dagli Orti, *pages 70, 71.*

Urancke van der Stockt, dit le Maître de la Rédemption (vers 1430-avant 1493),
L'Annonciation, Musée des Beaux-Arts de Dijon.
Photos Dagli Orti, *pages 31, 46, 47.*

Roger van der Weyden,
La Vierge en rouge, dite Vierge Duràn, vers 1440, Musée du Prado à Madrid.
Photo Oronoz/Artephot, *page 27.*
L'Adoration des mages, retable de Sainte-Colombe, vers 1460, Alte Pinakothek de Munich.
Photos Scala, *pages 76, 77.*
Le Jugement dernier, 1443-1451, retable de l'Hôtel-Dieu de Beaune.
Photos Jacques Michot, *pages 156, 157.*

Vincent van Gogh,
La Pietà, d'après Delacroix, vers 1889, Rijksmuseum Vincent Van Gogh, Amsterdam.
Photo Rijksmuseum Vincent van Gogh, *page 125.*

Nicolas Vleughels (1668-1737),
La Sainte Famille, Musée de l'Ermitage à Saint-Pétersbourg.
Photo Scala, *page 93.*

Fritz von Uhde (1848-1911),
La Nuit sainte, Staatliche Kunstsammlungen, Neue Meister, à Dresde.
Photos Érich Lessing/Magnum, *pages 66, 67.*

Table des matières

LE TEMPS DE LA JOIE

LE TEMPS DE LA SÉPARATION

LE TEMPS DE LA GLOIRE

MARIE ET L'ÉGLISE

Conception éditoriale et choix des textes
Éliane Gondinet-Wallstein
assistée de Nathalie Sarthou-Lajus

Iconographie et légendes
Éliane Gondinet-Wallstein

Maquette et mise en pages
Céline Ambroselli

Fabrication
Sabine Marioni

Achevé d'imprimer en octobre 2001
Par Graficas Muriel à Madrid
Photogravure : Signum à Wissous
N° d'édition : 93 314
Dépôt légal : octobre 2001